NARCOTERRORISMO

NARCOTERRORISMO

LA GUERRA DEL NUEVO SIGLO

**Vínculos del narcotráfico con
el terrorismo internacional**

a DEBATE

www.nowtilus.com
www.adebate.com

Serie: **Nowtilus Saber**
Colección: **A debate**
www.nowtilus.com
www.adebate.com

Título de la obra: **Narcoterrorismo**
Autor: © **Luis Villamarín. lualvipu@latinmail.com**

Editor: **Santos Rodríguez**
Responsable editorial: **Teresa Escarpenter**

Diseño y realización de cubiertas: **Carlos Peydró**
Diseño de interiores: **Juan Ignacio Cuesta Millán**
Maquetación: **Juan Ignacio Cuesta**
Producción: **Grupo ROS (www.rosmultimedia.com)**

Editado por **Ediciones Nowtilus, S.L.**
www.nowtilus.com
Copyright de la presente edición:
© **2005 Ediciones Nowtilus, S.L.**
Doña Juana I de Castilla, 44, 3º C, 28027 Madrid

ISBN: 84-9763-201-X
EAN: 978-849763201-0
Fecha: Febrero 2005

Impreso en España
Imprime: Fareso, S. A.
Depósito Legal: M. 3.800-2005

ÍNDICE

Nota del Autor

Al término de la guerra fría, escenificada entre los bloques capitalista y comunista, surgieron nuevas manifestaciones de violencia en distintos puntos del globo terráqueo que, por diversos medios, fueron cultivadas o consentidas de manera subrepticia o calculada, de acuerdo con las conveniencias geopolíticas de los Estados Unidos o de la Unión Soviética, dentro del marco de la visión limitada en *blanco y negro* acerca de los asuntos estratégicos mundiales, trasladada a otros escenarios distantes de sus fronteras que, con el paso del tiempo, generó para unos y otros el impredecible efecto bumerang.

Pero mientras soviéticos y americanos intentaban consolidar la arbitraria repartición del planeta, consecuencia lógica del desde entonces denominado *nuevo orden mundial,* con el paso del tiempo, maduraron resentimientos de musulmanes extremistas contra *los invasores occidentales*, se produjo la revitalización de deseos separatistas por medio de la violencia en España y Chechenia, se fortalecieron las guerrillas comunistas en Latinoamérica, aumentaron envidias y odios extremos en territorio israelí-palestino, florecieron acentuadas precauciones verbales y físicas contra el desde entonces llamado *imperio norteamericano*, al mismo tiempo con la absoluta tensión por la mutua amenaza nuclear entre Moscú y Washington.

Una década después de haber caído el muro de Berlín, suceso histórico que marcó el final de la Guerra Fría, hicieron metástasis los brotes terroristas cultivados durante largos periodos de latencia. En el preciso momento en que Estados Unidos sobresalía en el escenario geoestratégico como única superpotencia política, militar y económica, los odios incubados contra la *cultura americana* condujeron a las guerras de Afganistán e Irak, con extensión de impredecibles consecuencias para la Unión Europea, que comenzaron por los atentados en España.

Los sorpresivos y descomunales ataques terroristas del 11-S perpetrados en territorio estadounidense, y el fatídico jueves de horror del 11-M en Madrid, destaparon a la luz pública una realidad que los gobiernos y analistas de asuntos estratégicos del planeta, habían sido parcos en reconocer: la existencia de un triángulo letal integrado por narcotraficantes, terroristas y traficantes ilegales de armas, concatenados por intereses mutuos aunque con propósitos excluyentes.

En torno al complejo esquema geopolítico, adquirió preponderancia el lavado de activos en *paraísos fiscales,* donde amparados en regulaciones legales, delincuentes de todas las pelambres *blanqueaban* cuantiosas fortunas destinadas a financiar ingentes transacciones de drogas, armas, explosivos y movimientos de redes terroristas por el mundo, hoy reducido a una aldea global, producto de la asombrosa injerencia de Internet, los viajes transcontinentales, la celeridad de los trámites consulares o comerciales y la diseminación del inglés por todo el planeta.

En primer lugar, este documento analítico examina por separado algunos factores relativos al fenómeno bélico-social, que trasciende las fronteras de la estrategia o la táctica militar convencional, para adentrarse en los vericuetos imprecisos de la guerra irregular, condición bélica en la que sólo existen los objetivos político-militares fijados por *el enemigo*, pero no hay territorio definido, ni flujo logístico normal, ni métodos tácticos, estratégicos o escolásticos, por tanto la respuesta de los estados es imprecisa y genera desazón dentro de la opinión pública.

En segundo lugar, el texto proporciona a los lectores herramientas basadas en estadísticas oficiales o de investigación para interpretar con mayor concisión el proceso evolutivo y la cercanía cada vez más evidente entre los grupos terroristas del planeta, de los narcotraficantes con estos, de los remanentes de la guerra fría que venden la información o enseñan metodologías subversivas al mejor postor, pero sobre todo la hasta ahora insospechada o quizás oculta, incidencia del trafico de narcóticos, en la financiación de las guerras *revolucionarias particulares* libradas por cada grupo terrorista.

Sirve como referencia para esbozar la tesis en rigor la evolución histórica de las Farc, debido a que este fue el primer grupo armado ilegal que comenzó a financiar la guerra irregular y el terrorismo con dinero obtenido del narcotráfico, ejemplo seguido con estricta meticulosidad por Eta de España, Ira de Irlanda y Al Qaeda, corolario de la máxima leninista inherente a la audaz metodología subrepticia según la cual *el fin justifica los medios*.

Hasta ahora se hallan en la primera etapa para contrarrestar una tendencia globalizadora de las redes del terror las diferentes formas de combatir guerras contraterroristas que, en ámbitos locales pero por dinámica intrínseca, enfrentan a diversos estados del mundo occidental en forma particularizada.

Dicha situación avanza paralela a la cambiante dinámica del comercio internacional, el variopinto posicionamiento ideológico de las organizaciones no gubernamentales defensoras de los derechos humanos y el hasta ahora ineficaz liderazgo de la Organización de las Naciones Unidas en este y otros temas sustanciales para la estabilidad del mundo.

Por otra parte inciden en la dificultad para identificar la raíz del problema el marcado crecimiento de los bloques económicos con intereses diferentes, la eventualidad del terrorismo nuclear, y la dificultad que encaran los gobernantes venideros de los Estados Unidos, sean demócratas o republicanos, para mejorar la cada vez más cuestionada imagen internacional, en un ámbito preñado de críticas y prevenciones contra lo que hagan o dejen de hacer.

Cada día que pasa son más tensas las relaciones entre estados, escenario de precauciones y acciones soterradas, en el que, producto de la compleja insidia religiosa de extremistas musulmanes, España fue la primera víctima directa por apoyar la guerra en Irak y combatir con persistencia las redes de Al Qaeda asentadas en su territorio durante la administración Aznar.

En síntesis, el texto evalúa con orientación comparativa por medio de cifras y juicios críticos la importancia geopolítica y geoestratégica de Colombia y España en la lucha contra el terrorismo internacional, por ser dos países ligados no sólo por ancestros culturales, sino por la evidente realidad de la presencia de narcotraficantes y terroristas que, aunque con ambiciones diferentes, confluyen en objetivos particulares, por la mutua conveniencia de atacar al mismo enemigo ideológico en lógica asociación a los terroristas islámicos.

En ese sentido, podría decirse que, conectados con las redes de Al Qaeda, los traficantes internacionales de armas y habilidosas estructuras financieras subrepticias, en contubernio con impredecibles consecuencias con los grupos terroristas, Farc y Eta constituyen mafias modernas y peligrosas que, a medio y largo plazo, agreden la *estabilidad occidental*, amén de mover hilos conductores con los obsesivos fundamentalistas islámicos.

Prueba de que el narcoterrorismo es la columna vertebral de la guerra contemporánea es que los extremistas no tienen fronteras, como queda claro en el análisis de la desangrante guerra que sucede en los límites geográficos colombianos, la inminente resurrección de las guerrillas comunistas en Latinoamérica y la intromisión del dictador Fidel Castro para albergar y entrenar terroristas de Eta, Eln o Farc en La Habana, azuzar el explosivo populismo marxista de Chávez en Venezuela y vender la idea de que el comunismo tiene vigencia, al mismo tiempo que se consolidan los nexos de Eta con Al Qaeda y de las mafias rusas con los traficantes de armas.

Mediante cifras que invitan a la reflexión académica y política de valoraciones cuantificadas por organismos internacionales, el examen del triángulo letal conduce a esclarecer la incidencia del narcotráfico en las economías legales, los daños al ecosistema, la destrucción de mínimos remanentes de las etnias indígenas y la gravedad de los daños ocasionados a los municipios o propiedades civiles destruidas en cada ataque perpetrado por guerrilleros de las Farc, terroristas de Eta o fundamentalistas musulmanes contra blancos civiles inermes.

Sin pretender la generación de alarmas amarillistas, el panorama descrito intenta sensibilizar al lector acerca de la realidad y alcances del narcotráfico como empresa clandestina multiforme interconectada por etéreos lazos organizacionales, pero con nocivos contactos de redes integradas por audaces delincuentes; del terrorismo como fuerza desestabilizadora que impulsa diversas formas de guerra irregular; del lavado de activos como funesta herramienta de financiación del terrorismo y de la gravedad de la doble moral de los traficantes de armas ligeras, al estimular o facilitar el comercio ilegal de fusiles, pistolas, granadas, municiones y explosivos a los grupos terroristas que pululan por el mundo, frente a la incomprensión local , regional y mundial de los avances progresivos de un mal con características de epidemia cancerígena.

I

COMPONENTES DE LA GUERRA DEL NUEVO SIGLO

TERRORISMO-DROGAS-ARMAS: TRIÁNGULO FATAL

 EL SIGLO XXI TRAJO CONSIGO EL NARCOTERRORISMO, novedosa modalidad de guerra estructurada al ritmo de los vaivenes geopolíticos y estratégicos derivados de la Segunda Guerra Mundial y la irregular repartición del control político sobre espacios geográficos definidos, con marcada incidencia sobre los destinos de la guerra y la paz.

Primero surgieron brotes de guerra revolucionaria en Grecia, Birmania, Corea, Vietnam, Cuba, Colombia, El Salvador, Angola, Guatemala, Argentina y Chile. Luego el narcotráfico libró guerras particulares, financió guerrillas comunistas y por último se convirtió en el carburante del terrorismo internacional. Analizada dicha evolución, no es descabellado afirmar que el narcoterrorismo es la guerra del siglo XXI.

—¿Puede Colombia como productor o España como consumidor de sustancias psicoactivas, solas y sin la participación decidida de la comunidad internacional, enfrentarse con éxito *al triángulo fatal* articulado por las redes de narcotraficantes, terroristas y traficantes de armas, dentro del cual Al Qaeda, las Farc, Ira y Eta se configuran como puntales decisivos?

A secas, la respuesta es no, porque el fenómeno configura un problema universal, que no es local, ni siquiera regional, por lo tanto requiere medidas y acciones a nivel del primer mundo que, para colmo de males, se enfrenta sin la categoría de prioritario, desde la óptica y nivel del tercermundismo, con solo el 3.2 % del Producto Interno Bruto Colombiano, y como un problema local de terrorismo separatista en España, con parte de los recursos destinados para la defensa y seguridad nacionales ibéricas[1].

Para ampliar más la perspectiva o algunas de las probables consecuencias del entrelazado componente del caos, cuya magnitud reta la estabilidad de *Occidente* en el siglo XXI, después de varios años de realizar minuciosas averiguaciones en torno al espinoso tema, la economista italiana Loretta Napoleón, escribió el libro titulado *Yihad*, presentado en julio de 2004 en el Forum de Barcelona, en el que la analista concluye que, en el contexto de la nueva guerra, existe un choque global entre dos sistemas económicos: uno dominante, que es el capitalismo, y otro emergente, que es la nueva economía del terror, punto de vista que complementa planteamientos presentados por otros estudiosos del tema en torno a la empresa que constituyen las intrincadas redes financieras de Al Qaeda, los ingentes ingresos de las Farc en Colombia y la pujante holgura monetaria de Eta:

---

[1] Estadísticas del Servicio de Prevención del Blanqueo de Capitales de España indican que, en 1999, el 70 % de esa actividad ilícita correspondió a dinero procedente del tráfico de drogas; el 6,5 % a terrorismo; el 3,6 % a delincuencia organizada; el resto fueron acciones relacionadas con la prostitución, el fraude fiscal u otros delitos.

—El terrorismo es un sistema económico desarrollado desde la Segunda Guerra Mundial, dividido en tres fases: la primera fue el terrorismo patrocinado por algunos estados durante la Guerra Fría, al financiar grupos armados incluso en América Latina. La segunda fase fue la privatización del terrorismo en las décadas de los setenta y los ochenta, cuando Eta, Ira y Olp[2] se financiaron solos. La tercera etapa se produce cuando se expande el capitalismo occidental y con ello la economía del terrorismo.

El cuadro sinóptico evolutivo del terrorismo, concebido desde la perspectiva económica esbozada por Loretta Napoleón, demuestra que, además de la justificación política o religiosa de los ataques terroristas, hay una realidad económica derivada de la dinámica de los mercados de bienes y valores, así como la articulación en desarrollo del proyecto musulmán anti-occidental más que anticapitalista por parte de Al Qaeda, prosocialista de las Farc y separatista de Eta:

—Con la liberalización de los mercados, el fenómeno terrorista de los años noventa representa la tercera parte de los 1.500 millones de dólares, que mueve al año este tipo de actividad. Quinientos millones de ese total corresponden al crimen organizado como el narcotráfico y los otros quinientos millones a los movimientos ilegales de capitales. Otro hecho clave es que, después del 11-S, se produjo una reestructuración financiera. La mayoría de ese dinero se fue para Occidente y está invertido en oro y diamantes.

Otras instancias, que analizan por separado los componentes del triángulo letal, corroboran con cifras la aguda apreciación de la eco-

---

[2] Organización para la Liberación Palestina.

nomista italiana. A manera de ejemplos tomados al azar, según estadísticas publicadas por el diario británico *The Guardian*, circulan en el mercado ilegal por el mundo 250 millones de armas ligeras, entre revólveres, pistolas automáticas, fusiles automáticos y semiautomáticos, morteros, lanzaproyectiles, granadas de mano o de fusil y minas antipersonales, arsenal que es utilizado por terroristas, narcotraficantes, paramilitares, milicias irregulares y delincuentes organizados.

En el mismo sentido, cifras oficiales suministradas por la Cruz Roja Internacional demuestran que, a partir de 1990, las armas ligeras han causado más de cuatro millones de muertes en el mundo, sin contabilizar las producidas por efectos de *vendettas* entre traficantes de drogas durante el mismo periodo. De esas víctimas, más de tres millones y medio son civiles, de los cuales el 90 % son mujeres y niños. Lo preocupante del asunto es que cada día que pasa las cifras aumentan y la relación entre unas y otras es más cercana.

Pero, pese a que existen cientos de investigaciones en curso, los expertos son parcos frente a la limitada información disponible acerca del entramado financiero de todos los grupos terroristas en el

El 11-S y el 11-M marcan la desafortunada coincidencia para reconocer la gravedad de la amenaza terrorista.

mundo. Realidad que contrasta con el amplio grado de información existente en torno al resto de las áreas de esas organizaciones, de quienes se conoce que practican la extorsión y el secuestro, pero que además, poco a poco queda demostrada la incidencia del narcotráfico para su robustecimiento.

Por desgracia, en el entorno mundial del estudio del problema, debieron ocurrir los ataques terroristas islámicos contra las Torres Gemelas en Nueva York y los trenes de Atocha en Madrid, para que el mundo entero comenzara a comprender que, detrás de las acciones violentas, se ocultan extensas ramificaciones empresariales de mafias del narcotráfico, negociantes de armas y células de extremistas, dispuestas a causar enorme impacto psicológico, por medio del terrorismo[3], volátil pero poderosísima arma de guerra a comienzos del siglo XXI.

Para comenzar a resolver el espinoso problema, los gobiernos de los países inmersos en la urgente y necesaria respuesta a la agresión, deberían ser más estrictos en el control de la fabricación y venta de armamento, así como en la implementación de medidas de seguridad que eviten el tránsito o la presencia clandestina de células terroristas e impidan la existencia de sórdidas fortalezas financieras en la banca internacional, al igual que la puesta en marcha de medidas activas para combatir el narcotráfico de manera conjunta, tanto en la producción como en la comercialización y consumo[4].

---

[3] Aunque el violento nacionalismo *etarra*, el terrorismo irlandés y la criminalidad morbosa de las Farc no parecieran darse por aludidos, todo indica que la onda antiterrorista mundial, desatada con la hecatombe de las Torres Gemelas terminará por alcanzarlos. El problema es la demora injustificada para conformar centros eficientes de lucha antiterrorista universal, es decir, dejar de considerar que el problema grave e importante pertenece al Primer Mundo, pues el del Tercer Mundo es algo normal.

[4] Según la Dea —Agencia Antidrogas de los Estados Unidos—, Colombia es considerada por Washington como el primer productor mundial de cocaína, con casi 600 toneladas anuales, y uno de los principales abastecedores de heroína, con siete toneladas al año.

De lo contrario, por pasividad o permisividad, todos los estados implicados en la impostergable respuesta a la agresión están proporcionando las herramientas a sus enemigos para que los destruyan. Igual que sucedió con el totalitarismo nazi o la tensa agresión de la Guerra Fría, cuando los abanderados de las ideas democráticas presentaron conceptos distintos para combatir contra unos agresores empeñados en destruir los llamados *valores occidentales*.

En ese orden de ideas, ni traficantes de armas, ni terroristas ni narcotraficantes conformarían el triángulo letal que encarnan, ni podrían operar de la forma en que lo hacen, ante la negligencia o indiferencia de afectados en acto o potencia por los tres problemas entrelazados por el narcotráfico y, quizás en muchos casos, con la corrupta complicidad de algunos funcionarios públicos de todas las latitudes, como se infiere de estadísticas oficiales del *Programa antidrogas* de la Organización de Naciones Unidas *(Onu)*, las cuales estiman que en 1997 en todo el mundo había 180.000 hectáreas cultivadas con coca y 270.000 hectáreas sembradas con amapola. Para el año 2004, estas cifras crecieron casi el doble, a pesar de los ingentes esfuerzos de erradicación[5].

Para enredar mas el asunto, Internet se convirtió en coyuntural herramienta muy adecuada para *blanquear dinero* proveniente del narcotráfico o el tráfico de armas, y por tanto, en importante elemento para transferir fondos que financian estructuras armadas de grupos terroristas, mediante el *lavado* de capitales que, según las estimaciones del Fondo Monetario Internacional, oscilan entre el 2 % y el 5 % del Producto Interior Bruto mundial.

---

[5] Cuando las iniciativas conjuntas antinarcóticos registran progresos, también lo hacen los esfuerzos conjuntos para combatir el terrorismo. La resolución de la Organización de Estados Americanos (OEA), que destaca los lazos entre terrorismo y narcóticos, es la primera condena formal que se aprueba por consenso hemisférico contra la amenaza terrorista planteada por los grupos armados ilegales de Colombia, declaró Mark Grossman, subsecretario de Asuntos Exteriores de los Estados Unidos.

Los cultivos ilegales custodiados por grupos terroristas son la principal fuente de sus finanzas.

Barbados, Bahamas o Islas Caimán, dos siglos atrás hogar de piratas y bucaneros enviados desde Europa con el apetitoso afán de saquear el nuevo continente, se convirtieron en modernos guardianes de tesoros para inversores de todo el planeta, donde grupos terroristas que soportan la mayor parte de sus ingresos en el narcotráfico, entre ellos toda la red de Al Qaeda, Ira, las Farc y Eta, esconden fortunas obtenidas y manejadas por medio de *empresas tapadera*, organizaciones no gubernamentales proclives y transacciones fraudulentas.

Pero no sólo las tres islas enunciadas constituyen el problema, pues además Birmania, Islas Cook, Dominica, Egipto, Granada, Guatemala, Hungría, Indonesia, Israel, Líbano, Islas Marshall, Nauru, Nigeria, Filipinas, Ucrania, Rusia, San Cristóbal, Nieves, San Vicente y las Granadinas son países que no colaboran contra el reciclaje del dinero procedente de diversos actos criminales.

Hungría es uno de los pocos países del mundo donde el secreto bancario es extremo, ya que allí existen cuentas anónimas. Es decir,

EFECTOS DEL NARCOTERRORISMO: la desesperanzadora inocencia de este niño campesino sentado frente a los escombros del municipio de Suárez Cauca, atacado por terroristas de la octava cuadrilla de las Farc, resume el drama del incierto futuro de la niñez residente en zonas afectadas por la violencia terrorista. Cada gramo de coca, heroína o marihuana que se vende en las calles del mundo, coadyuva al terrorismo y a ensombrecer el futuro de niños como este. Archivo del E-5 del Ejército colombiano.

ni el director del banco en cuestión conoce la identidad de las personas físicas o jurídicas que poseen cuentas en sus oficinas. A la compleja situación se agrega que, al parecer sin el control ruso, en Hungría y otros países del antiguo bloque pro-soviético, se fabrican fusiles Ak-47 Khalasnikov que circulan por el mundo, que después los traficantes de armas desvían hacia el *mercado negro*.

Amparados en la nula o escasa presencia de regulaciones específicas, sumadas a la dificultad de asociar una actividad *on line* con la ubicación física concreta de quien efectúa las transacciones, la evasión de impuestos y en igual o mayor grado el *blanqueo* de dinero a través de la red, son actividades sumamente lucrativas y sencillas de realizar.

En contraste, a falta de una legislación unificada en todos los países en torno al delicado asunto, el uso de los *paraísos fiscales* no constituye delito alguno, ya que se trata de un caso de elusión fiscal, no de evasión[6], realizada en países cercanos a España, como Suiza, Gibraltar, Andorra, Mónaco y Liechtenstein, o Panamá, Guyanas y Antillas en el Caribe, cercanas a todo el continente americano, que aparecen relacionados en una pormenorizada lista de *paraísos fiscales*, publicada por la Organización para la Cooperación y el Desarrollo Económico de España, OCDE[7].

Dichos sitios se caracterizan por la existencia de un sistema dual, en el que coexisten procedimientos fiscales diferentes aplicables a los nacionales de cada paraíso, o a los titulares de terceros estados que se amparen en el mismo, pero además cuentan con mecanismos que garantizan confidencialidad y anonimato de la titularidad, movimientos de cuentas bancarias y transacciones de todo tipo, amparados en leyes restrictivas que impiden el levantamiento del secreto bancario, comercial, administrativo y de registro, e incluso limitación impositiva para el intercambio de información con la comunidad internacional.

Otro rasgo sobresaliente del singular sistema interbancario es la ausencia de normas que limiten o controlen movimientos de capitales, originados o destinados a un *paraíso fiscal*, situación aprovechada por mafias y grupos terroristas internacionales para proteger dineros y desviar la atención de los investigadores. Por lo tanto, la carencia de normas restrictivas en materia de control de cambios, permite reciclar capitales soportados y legalizados por la estructura jurídica y fiscal, ofrecida por las autoridades locales del *paraíso fiscal*.

---

[6] La elusión fiscal supone aprovechar los recursos legales disponibles para conseguir la mínima carga fiscal, o para diferir en el tiempo de su impacto. La evasión fiscal consiste en no pagar los impuestos.

[7] Por medio del Real Decreto 1.080 del 5 de julio de 1991, las autoridades españolas, identificaron 48 *paraísos fiscales* en el mundo.

Es incalculable el trasiego de dinero blanqueado por las mafias

En el intercomunicado planeta actual, una amplia red de comunicaciones favorece el movimiento de bienes y personas, o bienes y servicios, gracias a la infraestructura jurídica, contable y fiscal que permite el acceso a asesores, consejeros y profesionales especialistas para aprovechar las ventajas monetarias y políticas del sistema. Incluso los *paraísos fiscales* yuxtaponen atractivos de valor agregado, con importantes infraestructuras turísticas de clima favorable, las cuales conminan o invitan a inversores de diversas partes del globo terráqueo.

Mientras que en los *paraísos fiscales* se realizan millonarias transacciones fraudulentas, la producción y el tráfico de alucinógenos, solo dos aspectos por resolver en torno al complejo problema de las drogas, hay miles de muertos y desterrados en Colombia, mas drogadictos en Europa, Japón y Estados Unidos, así como un mayor número de traficantes de armas enriquecidos y más terroristas listos para causar zozobra internacional, sin que haya una respuesta coherente de la comunidad internacional, afectada pese a que las guerras locales tienden, por la dinámica extrínseca de cada una, a articular un solo componente bélico, político y psicológico con más proyección hacia el caos que a la concreción de objetivos finales.

Entretanto, sobre el difuso velo olvidado de los cadáveres de la absurda guerra derivada de ese negocio, gravitan incalculables ventas al por menor en las calles de las grandes urbes del Primer Mundo, además de enormes ganancias producidas por el comercio de precursores químicos, necesarios para el procesamiento de alcaloides, fabricados por multinacionales europeas, así como del *lavado* internacional de dinero, realizado con la complacencia o el silencio malicioso de algunos banqueros de países europeos y de los Estados Unidos.

Los movimientos a gran escala de heroína y cocaína son controlados por redes internacionales. Por lo tanto, con el fin de proteger sus intereses primarios, durante los últimos veinte años las organizaciones clandestinas dedicadas al tráfico de drogas y de armas se han diversificado en muchas otras formas de actividad delictiva, como el *lavado* de dinero y la penetración de las estructuras jurídicas, políticas y administrativas de varios países.

 Por esa razón, los sindicatos del crimen y los cárteles de la cocaína están involucrados en *lavado* de dinero, inmigración ilegal, crimen organizado, juegos de azar, tráfico de armas, tráfico de moneda legítima o falsificada, usura, falsificación de todo tipo de documentos y otros negocios fraudulentos.

Alrededor del narcotráfico se aglutinan diversas conductas y acciones delictivas, en especial las que contribuyen a degradar el conflicto interno colombiano y estimular grupos terroristas en el mundo entero. Abundan ejemplos de aberraciones similares: varias veces las Farc han envenenado acueductos municipales, destruido capillas o utilizado armas letales contra las tropas o contra la población civil.

Para muestra un botón: a decenas de casos similares se suma otro. El 13 de julio de 2004 la policía colombiana decomisó, en Timbío Cauca, a las redes urbanas de logística de las Farc cinco mil cartuchos de guerra impregnados con cianuro, utilizados por los terroristas para causar mayores daños a las víctimas de sus acciones.

Sin cuantificar datos exactos acerca del terrorismo o del tráfico de armas, pues es imposible determinar las cifras con precisión o en su defecto unificarlas en estimaciones puntuales, el narcotráfico es un negocio globalizado que, según la Organización de Naciones Unidas (Onu), mueve 400.000 millones de dólares al año, cifra equivalente al 8 % del comercio mundial, algo así como el volumen anual del comercio legal de productos entre países latinoamericanos, pero que, para agravar más el asunto por siniestra extensión, nutre el tráfico de armas, dentro del que se negocian en el mercado negro cerca de 80 millones de fusiles Ak-47 al año, según alarmantes estadísticas que circulan en Internet[8].

La realidad indica una enorme responsabilidad política y moral de la comunidad internacional para combatir todo tipo de mafias transnacionales que, sin ser terroristas pero sí ansiosas de obtener astronómicas sumas derivadas del dinero fácil, inciden en el auge de la violencia en diferentes partes del mundo, una de ellas Colombia, donde por causa de la misma, no pueden invertir empresas importantes de los diferentes bloques económicos, con la consecuente contracción y bajo nivel de vida de los afectados.

A guisa de muestrario, un informe elaborado en abril de 1990 por el Grupo de los Siete, conocido como el G-7, integrado por los países más industrializados del planeta, estimó que, a finales del siglo XX, se *blanqueaban* cada año en el sistema financiero mundial cerca de

---

[8] Según crónica publicada el 26 de julio de 2004, el influyente diario norteamericano *The Nueva York Times*, el gobierno de Rusia denunció que, para dotar las nuevas fuerzas del orden de Afganistán e Irak, los Estados Unidos compraron fusiles Ak-47 fabricados de manera ilícita en los países de la antigua cortina de hierro. Por otro lado, destacaron que Jordania y Egipto son los principales comerciantes de armas soviéticas en el Medio Oriente, las cuales salen de allí para abastecer los grupos terroristas del todo el mundo.

El rostro cansado y triste de un viejo campesino que observa la destrucción total, producto de la masacre de 18 personas perpetrada por las Farc en el corregimiento El Aro. Como consecuencia, el desplazamiento forzado de más de tres millones de campesinos que perdieron sus casas y parcelas en un episodio más de la *guerra de las drogas* entre guerrilleros y autodefensas, fenómeno que la comunidad internacional no ha comprendido en su verdadera dimensión. *Archivo E-5 del Ejército colombiano.*

120.000 millones de dólares procedentes del narcotráfico, recursos que además de generar violencia y acrecentar brechas entre pobres y ricos de todas las latitudes, en nada favorecieron las economías globales de países como Colombia y Afganistán e incluso España, de donde salieron las pesetas, los dólares y ahora salen millones de euros para alimentar fortunas mal habidas fuera y dentro del continente europeo. Catorce años después, dicha cifra se triplicó hasta bordear en el 2004 los 400.000 millones de dólares.

Un ejemplo acerca de la gravedad del tráfico internacional de drogas alucinógenas y sus efectos colaterales es que, analizadas cientos de noticias publicadas por la prensa española, que *pasan de largo* por fuerza de repetición rutinaria, surgen las preguntas "¿dónde?" o

"¿cuál?" es el destino final del dinero que genera la droga no decomisada, que en España es consumida por cerca del 3 % de la población, y que calcula el Observatorio Español sobre las Drogas (*Oed*), dependencia orgánica del Ministerio del Interior, que podría aumentar a lo largo de los próximos años, debido *al descenso en las edades de inicio al consumo.*

He aquí un mínimo referente de la preocupante situación y de la forma en que la economía clandestina del narcotráfico, socia directa del terrorismo, penetra en la vida social, política y económica de la Unión Europea.

Tras un operativo policial que culminó con la detención de una red de narcotraficantes, en la que aparecieron implicados algunos miembros del Servicio de Vigilancia Aduanera y de la Guardia Civil española, Carmen Avendaño, presidenta de la Asociación Érguete, afirmó en rueda de prensa ante los medios de comunicación:

> —El narcotráfico mueve gran cantidad de dinero y dispone de una red de implicados en la que actúan desde simples trabajadores hasta responsables de servicios relacionados directamente con la lucha antidroga.

Ante la incapacidad multinacional para desarticular ese fenómeno de economía informal e irregular, que entrelaza a los más ricos con los más pobres y distiende una extensa red de tentáculos en el planeta, por tanto lesiva para los intereses geoeconómicos de todos los países afectados, el narcotráfico, el terrorismo y el contrabando de armas se funden y encuentran escenarios propicios para su florecimiento en países tales como India, Pakistán, Afganistán, China, Filipinas, Tailandia, Rusia, Brasil, Bolivia, Paraguay, Panamá, Colombia, Perú, Ecuador, Guatemala, Venezuela, Haití y México, donde extensas zonas rurales escapan al control del gobierno.

O en países como Panamá, Chile, Argentina, Uruguay, Israel, Jordania, Suiza, Honduras, Irán, Siria, Líbano, República Dominicana, Jamaica, Sur África, Zimbabwe, Marruecos, El Salvador, Costa Rica, Cuba, España, Estados Unidos, Francia, Hungría, Jamaica, Alemania e Italia, donde se realizan las transacciones comerciales clandestinas y calculados movimientos bancarios, que permiten la subsistencia del floreciente negocio.

Dada la importante ubicación geoestratégica y la trascendental proyección del potencial geopolítico en el entorno latinoamericano y mundial, durante las tres últimas décadas del siglo XX y la primera del siglo XXI, la por siempre convulsa vida política, económica y social de los colombianos ha estado salpicada por los estertores de la guerra fría, el auge del terrorismo como forma de caótica expresión política y la lucha internacional contra las drogas.

Se evidencia una desafortunada y persistente inmersión de diferentes sectores de la sociedad colombiana en este flagelo, convertido por dinámica de los hechos en el factor de financiación de dos de los factores de la guerra interna, y por lo tanto en la más grave perturbación en todos los órdenes para la institucionalidad colombiana, con obvia extensión a quienes interactúan con la nación suramericana.

En medio del caos surge una lógica demencial. Los narcotraficantes prosperan con el conflicto interno colombiano y, por tanto, no tienen interés alguno en que haya paz. El conflicto armado a su vez depende del dinero de la droga. Por eso, para combatir y vencer al narcotráfico, se necesita que haya paz. Lo contrario es caer en el círculo vicioso de combatir la estructura armada de la guerrilla o erradicar la coca, sin que en el exterior de Colombia sean combatidos el tráfico de armas, el consumo de alucinógenos, o el comercio de insumos para el procesamiento de los alcaloides[9].

---

[9] Hasta diciembre de 2003, 99.511 colombianos habían solicitado asilo político en Estados Unidos, Costa Rica, Canadá y Ecuador. Sin embargo, han sido más de 200.000 los nacionales que dejaron Colombia entre 1999 y 2003, por razones de la confrontación,

Además, con la creciente narcotización de Eta, España podría sufrir un proceso similar, con la circunstancia agravante de que los euros que gravitan alrededor de transacciones ilícitas de armas y de coca estarán más a la mano de terroristas islámicos incrustados en la península ibérica o de las redes de Eta, en ambos casos manejados por empresas y organizaciones no gubernamentales, incorporadas con argucias dentro de la economía legal, por medio de convincentes historias ficticias y fachadas apropiadas[10].

Pablo Escobar, jefe del cártel de Medellín marcó la pauta de la combinación coca-terrorismo.

advirtió el representante del Alto Comisionado de Naciones Unidas para los Refugiados (Acnur), Francisco Galindo.

[10] Por primera vez, quedaron demostrados los nexos de los *etarras* con los fundamentalistas islámicos cuando, de manera sorprendente, un mercante procedente del Líbano cambió de trayectoria después de haber enfilado hacia la costa catalana. El barco, que nunca llegó al puerto de Barcelona, donde le esperaba la policía española, llevaba en sus bodegas un cargamento de latas de espinacas rellenas de explosivos, destinados a un distribuidor asentado en el sur de Francia. Una parte de los explosivos iba destinada a grupos radicales islámicos, pero el resto debería ser entregado a Eta.

Producto de esa escueta realidad que podría afectar a otros países de manera similar o peor, los primeros damnificados por el azote del narcotráfico en Colombia fueron los dirigentes políticos de los dos partidos tradicionales, que a comienzos de los años ochenta miraron con la *vista gorda* frente a la evidente financiación de campañas regionales y nacionales, con dinero derivado del tráfico de narcóticos y hasta cohonestaron con ellos.

Consecuencia de aquella *ceguera voluntaria*, el extinto narcoterrorista Pablo Escobar ocupó una silla curul en la Cámara de Representantes y, desde la misma época, la guerrilla colombiana multiplica cada año el potencial bélico de manera insospechada, gracias al narcotráfico y a los contactos internacionales con grupos terroristas como Sendero Luminoso, Ira, Eta y Al Qaeda.

Después de la escandalosa elección de Escobar y de la obvia *lavada de manos* de quienes armonizaron con el agresivo capo, sobrevinieron venganzas y comisión de actos de barbarie, tales como las muertes violentas de Rodrigo Lara Bonilla, ministro de Justicia, Antonio Roldán Betancourt, gobernador de Antioquía; Luis Carlos Galán, Carlos Pizarro, Bernardo Jaramillo Ossa, tres candidatos presidenciales presentados para el mismo debate electoral; Enrique Low Murtra, ex ministro de Estado, y las de otros funcionarios públicos, periodistas, policías, militares, abogados, etc.

A los magnicidios con fines terroristas se sumaron otros efectos simultáneos tales como las *guerras a muerte* entre los capos de los cárteles de Medellín y Cali; la aparición de nuevos cárteles de la droga en la Costa Caribe, el centro del país y el norte del departamento del Valle; así como las guerras de los cárteles de *coqueros* contra las Farc y el Eln[11]; y por último la inmersión de las *Autodefensas Unidas de Colombia,* más conocidas como los *paramilitares* en una guerra abierta

---

[11] Fuerzas Armadas Revolucionarias de Colombia, guerrilla comunista línea Moscú. Ejército de Liberación Nacional, guerrilla comunista línea Cuba.

contra las mafias de la guerrilla, por el control territorial de las zonas *cocaleras, amapoleras y marimberas*, así como el predominio en los contactos internacionales con los traficantes de armas, y la extensión del conflicto afuera de las fronteras colombianas.

La indiferencia o apatía para contrarrestar los efectos nocivos del fenómeno es similar en todos los escenarios. En el ámbito internacional, donde las mafias del narcotráfico fueron contactadas por los terroristas de todas las pelambres, las *vendettas* entre narcos se trasladaron a las calles de Nueva York, Miami, Chicago, Houston, Los Ángeles, Madrid, Barcelona y Palma de Mallorca.

Entretanto y, sin ningún escrúpulo o sentimiento humanitario por las víctimas de los feroces conflictos, los traficantes de armas, abastecen primero a quienes pagan con dinero del narcotráfico, sin que medien ideologías o credos religiosos. Imperan el poder coercitivo y las imposiciones pragmáticas del *dios dinero*.

Por tanto, no es descabellado afirmar que los tentáculos de la guerra de las drogas cobijan importantes espacios geopolíticos, inciden en gobiernos locales y estimulan el terrorismo que se convirtió en factor determinante en los procesos electorales de España, Inglaterra, Colombia, Israel y el Reino Unido. Ante la realidad de la incidencia del narcotráfico en la guerra y la paz del mundo, hasta hace poco tiempo, los dirigentes de organismos internacionales comenzaron a manifestarse, aunque con cierta timidez y sin llamar las cosas por su nombre:

—El terrorismo se financia con el tráfico de drogas y emplea sus redes ilegales en todo el mundo. Es un negocio que produce millones de dólares. Por eso en muchos países, en particular en Afganistán, Colombia, España y Estados Unidos, luchar contra el narcotráfico es también combatir el terrorismo—, denunció en Roma Antonio María Costa, vicesecretario general de las Naciones Unidas.

A pesar de aislados pronunciamientos similares, tal situación aún es incomprendida por el Primer Mundo e incluso por los dirigentes políticos de los países afectados, empecinados en aceptar como válida la propaganda prosubversiva o de organizaciones no gubernamentales proclives a los grupos terroristas. Algo similar sucede con quienes miran con *ojos musulmanes* la lucha internacional contra el terrorismo, por lo tanto no intuyen que la indiferencia o la apatía de los agredidos es ventaja para los agresores.

En el mismo foro, Pietro Soggiu comisario del gobierno italiano para la política antidroga, corroboró:

—Está probado y documentado que existe conexión entre droga y terrorismo. Sabemos que el terrorismo necesita de enormes cantidades de dinero, abastecido en gran parte por el narcotráfico.

De acuerdo con estadísticas judiciales oficiales, el auge del narcotráfico coincide con el incremento en el 400 % en la comisión de delitos contra la vida y la integridad humana, tanto en las áreas urbanas como rurales colombianas, donde se realizan transacciones fraudulentas, o existen cultivos y laboratorios para procesamiento de alcaloides. Pero aún no hay cifras exactas de cómo este fenómeno ha influido en la criminalidad de países consumidores de sustancias adictivas.

El fenómeno en cuestión también coincide con el aumento poblacional colombiano de 22 a 44 millones de habitantes, sin contabilizar casi siete millones de colombianos residentes en el exterior, 60 % de ellos obligados a abandonar el país por razones inherentes al conflicto armado, dentro del cual el narcotráfico se convirtió en el combustible.

A las anteriores cifras se suman otros factores. Por ejemplo, más de medio millón de personas muertas por acciones violentas en relación directa o indirecta con la confrontación desde 1964, año en que las Farc declararon la guerra contra Colombia; la creciente urbanización producida por cerca de siete millones de desplazados hacia los *cinturones de miseria* de las principales ciudades en cuarenta años; y la fuga de capitales legales que salieron de Colombia durante la última década, en una cifra superior a los 20.000 millones de dólares, con el consecuente estancamiento o por lo menos leve crecimiento del Producto Interior Bruto, a pesar de transitorias recuperaciones de la industria de la construcción, el incremento de exportaciones no tradicionales e ingreso de remesas enviadas al país por los inmigrantes salidos hacia el Primer Mundo[12].

En síntesis, el narcotráfico como medio y como fin es el motor de la desangrante guerra que asedia a Colombia, epicentro de las finanzas de la subversión izquierdista, causa de la descomposición moral de algunos dirigentes políticos, estímulo de fuertes desigualdades sociales y polo de atracción para importantes sectores de la población, aislados de la economía tradicional, ansiosos de resolver asfixiantes problemas socio-económicos. Pero Colombia no es la única nación afectada por ese cáncer, también lo son los países en la mira del terrorismo.

Por lo tanto, cada gramo de coca o cada dosis de marihuana o de morfina comercializados en el planeta son aportes directos e indirectos para la financiación del terrorismo y el tráfico de armas que enlutan a Colombia y que de manera asombrosa tienden a incidir en el fortalecimiento de bandas terroristas como Al Qaeda, Ira y Eta.

Una de las más graves consecuencias del fenómeno del narcotráfico es la ausencia de estrategias concretas del Estado colombiano y

---

[12] Aunque no existen datos estimados oficiales condensados, se calcula que el coste de las destrucciones de municipios, caseríos, oleoductos y puentes producidas por los ataques terroristas de las Farc superan los 10.000 millones de dólares durante cuatro décadas de conflicto armado.

del mundo entero para reprimir la agresión, con el ingrediente incorporado de que los *paramilitares* también se financian con recursos del narcotráfico para combatir la guerrilla y las células de apoyo, enclaustradas en la población civil, característica que se puede extender al mundo islámico, donde ya surgen brotes de grupos antifundamentalistas, sino es que la Cia y el Mossad de Israel ya los crearon para pagar a Al Qaeda con la misma moneda.

En ambos casos, las drogas que los grupos armados colombianos exportan hacia los mercados del primer mundo para aumentar las arcas de terroristas y negociantes de armas, con impredecibles consecuencias para España, Francia, Estados Unidos, Israel, Líbano, Jordania y Rusia, son una prueba más de que el problema es global y no local.

Desde la década de los años ochenta, el narcotráfico latinoamericano concentra prioridades en Perú, Bolivia y Colombia, los tres mayores productores, sobre el procesamiento de la hoja de coca y el comercio de cocaína, producción que aumentó el 300 % entre 1980 y 1993, y el 700 % entre 1980 y 2004.

Frente a la realidad de estas asombrosas cifras, es evidente la indiferencia de la comunidad internacional afectada por el narcotráfico, para combatirlo de manera integral, mediante soluciones multinacionales, que no se limiten a la erradicación de cultivos y la prohibición temporal o transitoria de ingentes cargamentos de alcaloides, que a diario circulan por los aires, las aguas marítimas y las fronteras terrestres del mundo entero, como si el problema se redujera a situaciones particulares sin trascendencia de los países productores.

O lo que es peor, pensar que el problema de las guerrillas terroristas colombianas, se circunscribe a un asunto policial interno de orden público y a una cuestión de *derechos humanos* por descuido del Estado, sin intuir o hilar que, día a día, el terrorismo internacional se liga más y configura una grave agresión contra el género humano, no solo contra Colombia, España, Israel o los Estados Unidos, porque quienes atacan los intereses vitales de esos países están ligados por objetivos tácticos diferentes, con tendencia a la unidad de intereses estratégicos dentro del fatídico triángulo.

Quizás la legalización del consumo y comercio de las drogas, tema tabú, siempre cuestionado por moralistas, sea el principal aporte a la solución para disminuir los precios de la cocaína, la heroína y la marihuana en los mercados clandestinos, con el fin de anular o eliminar los elevados costos de las dosis personales, para que el *negocio* deje de ser atractivo y lucrativo y para que terroristas y traficantes de armas pierdan el control de la principal fuente de ingresos.

El punto medio es evaluar: ¿qué es más dañino?, ¿la degradación de los drogadictos?, o, ¿el inútil desangramiento que asedia al mundo y financia en gran parte el terrorismo?, pero que además ataca a sensibles intereses económicos y políticos de países industrializados, con grandes pérdidas humanas, desazón, ingobernabilidad y desconcierto, como lo demuestran los atentados terroristas en Nueva York, Washington, Madrid, Riad, Casablanca, Moscú, Estambul, Tel Aviv, etc., y que para colmo de males tiene en la mira al Reino Unido, Italia, Francia, Canadá, Japón y Australia.

No es nuevo el indicio que identifica eventuales nexos entre organizaciones armadas extremistas, unidas por medio del tráfico de estupefacientes para financiar las guerras contra el enemigo común, gracias al papel de *idiotas útiles,* que juegan las mafias del narcotráfico en ese proceso, pues ya había sido denunciado en otras instancias internacionales que no sólo los Estados Unidos son los afectados, sino toda la comunidad que consume sustancias adictivas en el mundo y, por reflejo, los países donde actúan los terroristas, que son muchos a comienzos del siglo XXI, por desgracia con tendencia a aumentar.

En 1994, el investigador español Rafael Pampillón describió lazos de narcotraficantes colombianos con otras organizaciones criminales que, por medio de oscuras transacciones, ponen medios considerables a disposición de sus redes, y de paso señaló el primer gran indicio de la cercanía de traficantes de drogas con terroristas islámicos[13]:

—Otra operación típica de la red paralela del narcotráfico latinoamericano con organizaciones delictivas se desarrolló en abril de 1989, cuando un contenedor enviado desde Colombia fue llevado durante la noche al muelle de Karachi, Pakistán. Los operadores volvieron a bordo después de haber pagado 100.000 dólares en sobornos a los aduaneros paquistaníes. Ellos descargaron grandes cajas de madera que traían muchos contenedores.

—Según un cargador que estuvo presente, utilizaron una grúa en lugar de una carretilla elevadora, ya que las cajas eran pesadas. Luego, las cajas fueron transportadas por camión hasta una discreta pista de aeropuerto y cargadas en un avión 707 no identificado. El avión partió hacia Checoslovaquia, tomando, para el control aéreo, el número de un vuelo regular de la compañía aérea *Pakistán International Airlines*[14]—.

—El vuelo comercial legítimo había sido *anulado* en el último minuto, gracias a los cómplices que trabajaban en la misma compañía aérea. El radar del 707 había sido modi-

---

[13] Pampillón Rafael, ***Ley del mercado y el narcotráfico: El caso de Colombia***, Revista Política Exterior, número 45, Madrid, España, septiembre de 1995. El autor es catedrático de la Universidad de San Pablo, profesor del Instituto de Empresa de Madrid y del Centro de Estudios Geopolíticos *Gérard Verna* de París y profesor de la Universidad Laval de Québec.

[14] Trillada táctica de los cárteles de las drogas en el mundo, de cambiar los números a los vuelos que van cargados con sustancias adictivas. Por la ubicación geoestratégica, Pakistán es otro país comprometido en el triángulo letal.

ficado para indicar el código del vuelo comercial, y no ser así objeto de sospecha al sobrevolar los distintos países. El 707 voló desde Checoslovaquia hasta los Estados Unidos, sin que quienes ejecutaban esta operación supieran realmente lo que se encontraba en el interior de estas pesadas cajas, las cuales podrían contener drogas o armas de fuego.

LAVADO DE DINERO, INTERNET Y LOS *PARAÍSOS FISCALES*

ACORDE CON EL ORDENAMIENTO LEGAL VIGENTE EN ESPAÑA, similar en concepción al de otras naciones, el *blanqueo* de capitales, también denominado *lavado de activos,* es la adquisición, utilización, conversión o transmisión de bienes procedentes de actividades delictivas, para ocultar o encubrir su origen o ayudar a eludir las consecuencias jurídicas a la persona que haya participado en el acto ilegal.

El *blanqueo de dinero* constituye un delito, no por la utilización del dinero, sino por el encubrimiento de su origen ilegal. De no ser así se contribuiría a legitimar el delito cometido, y a la vez proporcionaría ventajas económicas insospechadas a quienes utilizan el sistema, porque facilita movimientos de inmensas fortunas dentro del triangulo letal de armas-drogas-terror.

Pero de la ley a la realidad hay un enorme trecho. Amparados en inusitadas ventajas que facilitan nuevas tecnologías al delito, pequeños y grandes capitales transitan a diario por Internet, hasta llegar al destino final en los llamados *paraísos fiscales*[15], debido a que la red

---

[15] Por encargo de la Unión Europea en 1992, el Comité Ruding diferenció tres zonas de baja fiscalidad denominadas: a) paraísos fiscales clásicos, b) territorios de elevada fiscalidad que ofrecen ventajas tributarias a personas o entidades que ejerzan sus actividades en el extranjero y c) territorios que disponen de centros de servicios muy desarrollados.

electrónica facilita el anonimato proporcionado con inmediatez y reducción de costos de transacción.

Producto de la existencia de estos paraísos, cada año se *esfuman* cerca de 600.000 millones de dólares de las arcas públicas de los países *occidentales* que, junto con otros 900.000 millones, procedentes del narcotráfico o de la financiación de grupos terroristas ingresan al sórdido mercado del *lavado de activos*.

Pese a la gravedad del asunto y la trascendencia que la economía multinacional del terrorismo pueda alcanzar en el entorno económico mundial, medios de comunicación de reconocido prestigio tales como *Expansión*, *The Financial Times* o *The Wall Street Journal*, abundan en anuncios de compañías que, gracias a la red electrónica, son de fácil accesibilidad desde cualquier parte del planeta[16] y que, por la dinámica de los manejos, no están exentas de ser utilizadas por la delincuencia para concretar fines siniestros.

A manera de ejemplo y sin que la aseveración signifique que las compañías enunciadas son soporte de grupos terroristas, se señalan algunos ejemplos de cómo y quienes hacen funcionar ese sistema. Previo pago de 600 libras esterlinas, la empresa inglesa *International Company Services* ofrece el registro de personas naturales o jurídicas en las Islas Bahamas, e inclusive su portafolio extiende los mismos ofrecimientos por 400 dólares en Gibraltar o en las Islas Jersey.

Además aportan nombres de accionistas y consejeros para ocultar la identidad del verdadero propietario, sumada a la asistencia para abrir cuentas bancarias, y facilitar firmas de terceras personas para realizar movimientos financieros a nombre de un testaferro.

El procedimiento es sencillo. Primero se contacta con un abogado residente en el *paraíso fiscal* que constituye la sociedad, la inscribe

---

[16] Con términos de búsqueda vocablos como *offshore taxes, offshore services,* o *taxes heaven,* se puede encontrar un listado de firmas dedicadas a este fin. Dada la naturaleza de Internet, es imposible prohibir contratar servicios financieros mas allá de las fronteras del usuario.

ante las autoridades legítimas y logra que sea operativa. Completados los trámites legales, el cliente recibe copia de la escritura, mientras que el abogado utiliza su propio nombre como directivo o gestor de la empresa recién formada, que ya puede realizar operaciones mercantiles. Las acciones permanecen en el anonimato de una caja fuerte, amparadas por el secreto de registro mercantil, acorde con las leyes internas de los *paraísos fiscales*.

Scope International ofrece un surtido de manuales para esquivar fortunas de *impuestos injustos*, o también propone *¡cómo hacer desaparecer su nombre de todos los ordenadores y bases de datos!*

Otros servicios prestados por compañías tales como Ocra World Wide Freedom International, O.P.M. Corporation, Lowtax.net, u Offshore Finance USA Magazine facilitan pasaportes de 120 nacionalidades, incluidos países como el Reino Unido o España, cuyo coste oscila entre 10.000 y 100.000 dólares, al parecer para evitar *terroristas, secuestradores, multitudes exaltadas o fanáticos que atacan a ricos*, con el anzuelo de que un *pasaporte de camuflaje* podría salvar la vida del comprador.

Pero como no existen seguimientos o investigaciones de seguridad rigurosas para esclarecer quiénes son los inversionistas, estas ofertas pueden facilitar el camino a terroristas y narcotraficantes para legalizar el camino y obtener soporte legal a actividades ilícitas, sobre todo porque la utilización de *paraísos fiscales* para guardar dineros varía si se es persona natural o jurídica.

Valoración financiera

La explicación dada por el analista David Yagüe en el periódico digital *www.labrújula.com*, respecto al *lavado de activos* detalla cómo el triángulo fatídico de drogas, armas y terror se mueve con amplitud en el mundo de los negocios y las transacciones de moneda extranjera.

Una de las cifras que demuestran que cada año se *blanquean* en la banca internacional miles de millones de dólares, provenientes de negocios como el narcotráfico, la trata de blancas o el tráfico de armas y la financiación de redes terroristas de Eta, Al Qaeda y Farc, es que *grosso modo* las autoridades estadounidenses calculan que la mafia rusa ha canalizado hasta 10.000 millones de dólares a través del Bank of Nueva York, el decimoquinto en importancia de Estados Unidos.

Un informe, producto de un minucioso estudio realizado por autoridades financieras norteamericanas, indica que la mayoría de bancos estadounidenses, no poseen salvaguardas suficientes contra el *lavado de dinero,* situación que es aprovechada con creces por terroristas y traficantes de armas o drogas, para realizar ágiles movimientos bancarios. Las investigaciones demuestran que aunque existen muchas variantes, el *blanqueo* de dinero se realiza en tres pasos:

En primer lugar, se traslada el dinero ilícito, por ejemplo las ganancias del narcotráfico o de una enorme transacción de armas, para alejarlo del lugar donde se cometió el crimen. Después, se disimula la ruta por medio de transacciones legales en bancos y corporaciones financieras, incluso a nombre de compañías fantasmas. Por último, se coloca de nuevo a disposición de los criminales, tras haber ocultado su origen ilegal[17].

Una de las prácticas más usadas para incorporar dinero ilegal a la economía legal consiste en dividir las transacciones en cantidades menores de las que el banco no tiene obligación de informar. En lugar de trasladar dinero en efectivo, los *lavanderos* usan giros y trans-

---

[17] Sistema aprendido por el Eln colombiano de la Eta de España. Los caleños extorsionados consignan el dinero en una sucursal del Banco de las Bahamas en Cali, de allí pasa a un banco que legaliza importaciones ficticias en el Caribe y coloca el dinero en un banco norteamericano, el cual mediante una transacción legítima ubica los recursos en una cuenta en Ginebra, Suiza, donde es legalizado el dinero con la clave "Horacio Buen Viento".

ferencias que son recibidos por pequeños narcotraficantes o por testaferros que, previo pago de una bonificación especial, entregan a los
capos o dueños de enormes remesas de armas.

A continuación mueven las ganancias ilícitas a través de muchas
cuentas bancarias, para que parezcan ganancias comerciales legítimas. Además crean empresas ficticias y, para evitar los registros formales en los bancos, utilizan firmas transportadoras de dinero y
negocios que cobran cheques, venden giros, cheques de viaje y cambian moneda extranjera.

Existe una novedosa y compleja operación llamada *sistema de cambio de pesos del mercado negro*, que consiste en comprar productos de
rápido consumo como cigarrillos o electrodomésticos y exportarlos a
países tercermundistas. Los cambistas locales que actúan como intermediarios dan a los importadores pagarés a cambio de pesos. Con los
pagarés compran dólares a los cárteles de droga y en reposición los
proveen de moneda limpia.

Luego emplean los *dólares blanqueados* para comprar bienes y
llevarlos de contrabando, para evitar tarifas e impuestos sobre el
cambio de moneda. Así se lavan cinco mil millones de dólares al
año[18]. Quizás esto explique la razón de la guerra a muerte que
libran las Farc y las *autodefensas* por el control subrepticio de los
centros comerciales conocidos como los *sanandresitos*[19] en Bogotá,
Cali, Medellín, Barranquilla y Bucaramanga, donde los terroristas
de uno y otro bando han explotado bombas y asesinado a varios
comerciantes informales, producto de *ajustes de cuentas* relacionados con el pago de elementos introducidos de contrabando en
Colombia. Como caso concreto, en mayo de 2004 las autoridades
colombianas desmantelaron una oficina de cobros de las Farc dentro de los *sanandresitos*.

---

[18] Es una operación muy difícil de detectar. Formalmente, es una transacción válida
—dice el ex fiscal Tellechea de los Estados Unidos.

[19] Diminutivo del puerto libre de San Andrés en el Mar Caribe.

Por tanto, uno de los problemas que enfrenta la lucha contra el *lavado de activos* es la imposibilidad de congelar el dinero sospechoso en sus cuentas de origen. Además, una vez detectado el negocio ilícito, no es fácil llegar donde se encuentran los *lavadores*, en un entorno financiero en el que cada día se realizan más de 465.000 transferencias electrónicas, que totalizan valores superiores a los dos billones de dólares, incluidos los mecanismos de transferencia que ofrecen la Reserva Federal de los Estados Unidos y el Sistema de Pagos Interbancarios por Cámara de Compensación.

Por otra parte, la Sociedad Mundial de Telecomunicaciones Financieras Interbancarias envía 220.000 mensajes diarios de trasferencias bancarias, por un valor en dólares desconocido.

Las razones de esta universalidad afectan la economía formal, cada día más cercana a las reglas elementales de transparencia, mientras que muchos bancos de países ricos se sirven de sus filiales en el Caribe, islas anglo-normandas, Mónaco, Liechtenstein, Suiza o algunas islas del océano Pacífico, para realizar blanqueo de capitales.

A causa de la globalización de los flujos financieros, el *blanqueo de dinero* y su letal corolario, la *criminalización de la política,* afectan al conjunto económico global. Cálculos conservadores indican que el monto del dinero de las drogas *reintegrado* cada año a la economía mundial asciende a 400.000 millones de dólares.

Según el Observatorio Geopolítico de las Drogas ubicado en París, el impacto de los conflictos en los que incide la droga no sólo ocurre en países del Tercer Mundo, como Afganistán, Birmania, Colombia o Angola. A menudo el narcotráfico aparece como una respuesta a las disfunciones económicas y sociales, pero puede también acentuarlas, o incluso generarlas, para crear espacios de impunidad que conllevan un desarrollo de la criminalidad, tal como ha ocurrido en Brasil, México, Rusia o Sudáfrica.

Además, el Observatorio denuncia en particular la persistencia de las contradicciones entre la voluntad proclamada por los estados e instituciones internacionales de luchar contra la droga, y las concesiones a los *narco-estados* cuando son clientes o aliados geopolíticos, como sucedió con Noriega en Panamá y con Jean Bertrand Aristide en Haití e inclusive con los talibanes en Afganistán, cuando luchaban contra la invasión soviética.

Desde esa óptica, el Observatorio Geopolítico lamenta la falta de interés de los gobiernos europeos frente a las intenciones del nuevo monarca marroquí, Mohamed VI, en la lucha contra los cultivos ilícitos de marihuana en el Rif, pues no cesa el ingreso por Portugal, España e Italia, de ingentes cantidades de la *hierba maldita,* pese a que la denuncia es persistente.

Aventura un poco más el Observatorio Geopolítico en el tema, al asegurar que detrás de ese silencio, podría haber causas menos ideológicas y más económicas, al aducir que:

—Sustituir 80.000 hectáreas de marihuana cultivadas en el Rif, de las que viven 200.000 familias, es decir, un millón de personas, costaría unos 3.000 millones de dólares anuales durante diez años.

TERRORISMO: ¿URBANIZACIÓN DE LOS CONFLICTOS?

LA GUERRA IRREGULAR QUE PADECE COLOMBIA es un conflicto cuya atipicidad contribuyó a la incomprensión por parte de los gobiernos de turno y de la opinión pública mundial[20]. El caso colombiano en el que la guerra azota a la vez campos y ciudades tiene una naturaleza singular frente a los demás conflictos armados que en la actualidad

---

[20] La disputa del control territorial, como forma de ejercer poder político y económico basado en el terror, cambió la estructura de la propiedad de la tierra y por tanto el uso y destino de sus recursos naturales. Conclusiones del seminario *Conflicto armado y medio ambiente*, realizado en la Universidad de los Andes por el Foro Nacional Ambiental.

Más de 7.000 menores de edad integran las redes terroristas de las Farc, responsable de dos décadas de retroceso socio-económico en Colombia.

ocurren en el planeta[21]. No es una guerra de liberación nacional como fue la de Argelia contra Francia. Colombia no es un país ocupado por ninguna potencia extranjera, caso concreto de Irak o Afganistán.

Por eso, es inexacto el vocablo *liberación* utilizado por las guerrillas comunistas colombianas, pues no hay a quién expulsar. Tampoco es una guerra separatista como la que se libra en Chechenia o la planteada por el Frente Polisario en nombre del pueblo saharaui, o la persistente oleada terrorista de Eta en España.

Tampoco tiene raíces religiosas como el conflicto de Irlanda del Norte, o étnicas como el nunca resuelto problema kurdo con Turquía, Irak y Siria, ni existe una nación que reclame el derecho a ser estado pleno, como es el caso de la *intifada palestina* contra Israel.

---

[21] Pérez Flórez Guillermo, *Vía Alterna*, Madrid, España, febrero de 2001.

Son connotaciones que pesan a la hora de analizar la crisis colombiana, en la que el narcotráfico, el terrorismo y el tráfico de armas, puntuales componentes del *triángulo letal* que encarna el mayor riesgo para la humanidad, causan confusión e impiden la claridad conceptual de dirigentes y gobiernos, lo cual puede hacer más compleja y difícil la solución al conflicto, ante los ojos de la opinión pública internacional.

En ese escenario de incomprensión nacional y mundial, el incremento en la producción de los cultivos ilícitos, sumado a la inmersión de las guerrillas y las autodefensas en el negocio del narcotráfico, con adherentes vínculos a organizaciones terroristas internacionales y traficantes de armas, intensificó la guerra en Colombia y fortaleció la infraestructura bélica de los agentes generadores de violencia[22].

El armamento portado por los terroristas colombianos y las estrategias utilizadas por los bandos en conflicto indican que la cruel confrontación armada está planteada para varios años más, pues continúa el reclutamiento de hombres, mujeres e incluso niños, con lo que se resuelve, de forma maquiavélica, un porcentaje del desempleo. Y por coincidente desgracia, esa parece ser la constante de las bandas terroristas en España, África y los Estados Unidos.

Los actos terroristas perpetrados a comienzos de febrero de 2003 por las Farc contra el Club *El Nogal* de Bogotá[23] y el barrio *Villa Magdalena* en Neiva, generaron una controversia periodística y acadé-

---

[22] Según Darío Fajardo, analista al servicio de la Organización de Naciones Unidas, la guerra en Colombia ha precipitado alta concentración de la tierra y expulsión de poblaciones, en una *contrarreforma agraria hecha a bala*, hasta el punto que el 60 % de los predios rurales del país es hoy propiedad del 0,6 % de la población. A su vez, para el ex ministro de Medio Ambiente Manuel Rodríguez, dos de los mayores combustibles del conflicto son la expulsión de campesinos y su falta de acceso a tierras productivas.

[23] El 12 de febrero la Organización de los Estados Americanos (Oea), aprobó una enérgica resolución de condena al ataque terrorista perpetrado por las Farc contra el club *El Nogal*, en el que murieron 35 personas y 153 quedaron heridas, escenario en ese instante de un banquete de bodas, de un recital de ballet y de una fiesta infantil.

mica importante para la democracia, pero inútil para la solución del problema terrorista internacional.

Producto del desconocimiento de cuál es la estrategia del adversario de la nación colombiana en su conjunto, y, por extensión, geopolítica del mundo entero[24], críticos y analistas comparan una fuente con otra, dudan o confirman, y otros resaltan la evidente tecnificación de las Farc, como algo sorprendente o novedoso.

En esencia las Farc desarrollan un proceso integral de guerra revolucionaria, cuyo objetivo final es la toma del poder político, para instaurar un gobierno de corte totalitario similar al de Cuba, por medio de la combinación de todas las formas de lucha, esquema bélico en el que el terrorismo es uno de los componentes de la estrategia armada de las guerrillas.

Desde 1982, cuando se realizó la séptima conferencia de las Farc en las encumbradas cimas del páramo del Sumapaz, el extinto ideólogo leninista Jacobo Arenas fue reticente en la importancia de dar un viraje estratégico a la conducción de la guerra subversiva, proceso que con el transcurrir del tiempo, serviría de muestrario y laboratorio de enseñanza en otras latitudes donde las guerrillas y el terrorismo coinciden en metodología y objetivos.

Como consecuencia de la más importante reunión de cabecillas de las Farc, se determinaron líneas de acción para las siguientes tres décadas. Se definió la cordillera oriental[25] como *centro de despliegue estratégico*, con el fin de colocar un *ejército rebelde* integrado por

---

[24] Autoridades españolas, británicas y norteamericanas coincidieron y fueron reticentes en afirmar que, en el atentado contra el club *El Nogal*, participaron terroristas de Eta e Ira. Esa misma semana las Farc explotaron una humilde vivienda llena de explosivos en la ciudad de Neiva, con resultados similares a los del exclusivo club capitalino.

[25] El territorio colombiano es surcado de sur a norte por las cordilleras occidental, central y oriental, las cuales conforman los fértiles valles de los ríos Magdalena y Cauca, y a la vez diferencian la región Andina de la Amazonía, la Orinoquía, así como los litorales Caribe y Pacífico.

La refinada tecnificación para el empleo de artefactos explosivos, utilizada en el atentado terrorista contra el exclusivo Club *El Nogal*, ubicado al norte de Bogotá, ocurrido el 7 de febrero de 2004, demostró la cercanía y los nexos de las Farc con Eta e Ira.

En el demencial ataque, guardadas las proporciones comparado con el de Al Qaeda contra las Torres Gemelas de Nueva York, murieron 36 personas y quedaron más de 170 heridos. Archivo Ejército colombiano.

36.000 hombres alrededor de la capital de la república, a la vez que se mantiene en *jaque* político-militar a Mocoa, Florencia, Neiva, Villavicencio, Arauca y Cúcuta, capitales de los departamentos orientales, todas ubicadas sobre el *piedemonte llanero*[26], donde se articula la estructura armada que integra el llamado *bloque oriental*[27] bajo la férrea dirección del *mono Jojoy*[28].

---

[26] Franja del territorio donde termina la montaña y empiezan las extensas llanuras orientales de Colombia.

[27] Agrupación de los frentes guerrilleros instalados en el oriente colombiano.

[28] Obsesivo integrante del secretariado de las Farc, caracterizado pos sus posiciones extremistas y actitud belicista.

No es nada novedoso, ni una inusitada tecnificación. Es el desarrollo metódico y paulatino de una estrategia sistemática e integral que, por desgracia, no ha sido ni entendida, ni repelida por los últimos diez gobiernos colombianos, ni mucho menos por la comunidad internacional, cada día que pasa más agredida por la violencia guerrillera colombiana y el narcotráfico que la sostiene; con el ingrediente de que, en la séptima conferencia de las Farc, se delinearon planes de integración, aunque fuera por conveniencia, con todo tipo de organizaciones armadas internacionales, que lucharan contra el *imperialismo norteamericano, la visión neocolonialista imperial de algunas potencias europeas, y a la vez financian el fundamentalismo musulmán antisemita.*

Las Farc han tenido en sus campamentos exguerrilleros nicaragüenses, salvadoreños, vietnamitas, terroristas internacionales de Ira, de Eta, o del submundo islámico, para que entrenen y asesoren guerrilleros de *fuerzas especiales* y *comandos terrestres,* con capacidad de efectuar operaciones de alta precisión, calidad y renombrado impacto psicológico dentro de la opinión pública.

Para el desarrollo del ambicioso plan crearon *escuelas móviles de combate* clandestinas en los Llanos del Yarí, en el Caquetá o en el Guaviare[29], y después fortalecieron ese proyecto dentro de la antigua *zona de distensión,* durante el cuestionado y laxo gobierno de Andrés Pastrana (1998-2002).

En la medida que incrementaron ingresos provenientes del narcotráfico[30], las Farc adquirieron forma de fuerza militar disciplinada,

---

[29] Caquetá y Guaviare son dos departamentos selváticos colombianos, afectados por enormes cultivos de coca, escasos núcleos poblacionales y abundante presencia guerrillera.

[30] Una operación militar sobre varios campamentos guerrilleros demostró que entre el 26 de abril y el 30 de diciembre del 2003, en una especie de supermercado de la coca, las Farc recibieron 48.410 millones de pesos y sacaron de la zona más de 29 toneladas de pasta de coca. Durante 11 días de julio de 2003 realizaron grandes transacciones —entre 100 y 862 kilos y entre 100 millones de pesos y 2000 millones—. Por otra parte, los días de mercado, los guerrilleros *Guillermo, Relámpago, Chaqueta* y *Brujo* del Primer Frente, manejaron entre 600 y 800 millones de pesos, producto de la extorsión a coqueros.

con evidente mejoría táctica y visión estratégica, para concretar planes revolucionarios a largo plazo, ejecutados de manera prioritaria, desde zonas rurales hacia las ciudades, lo cual podría interpretarse como la *urbanización del conflicto*.

Al mismo tiempo con terroristas de Eta y de Ira, recibieron entrenamiento táctico-operativo, transmitieron e intercambiaron experiencias en inteligencia militar, guerra de guerrillas, empleo de armas cortas y explosivos, organización de células de partido revolucionario y militancia clandestina.

Entretanto miembros de Eta e Ira, con la asistencia de algunos guerrilleros colombianos con experiencia en manejo de explosivos y técnicas de sabotaje, dedicaron esfuerzos mancomunados para realizar cursos y entrenamientos en tácticas de guerrilla urbana, planeada ejecutada y dirigida, desde la retaguardia estratégica, constituida para tal fin por el área de operaciones de las *compañías móviles Teófilo Forero y Juan José Rondón*, así como el primer frente de las Farc en el Guaviare, integrados por *comandos terrestres,* entrenados para *misiones de penetración* sobre objetivos rentables; sabotaje, *sicariato* o *pistoleo*, secuestros, etc., sea en el área de incidencia de dichas cuadrillas o a escala nacional donde fueren requeridos.

Pedro Antonio Marín, alias *Tirofijo*, jefe de las Farc. Guerrillero comunista desde 1950. Responsable de cinco décadas de terror en Colombia.

Pruebas fehacientes de la refinada preparación táctica de guerrilleros rurales con entrenamiento para ejecutar sorprendentes acciones de guerra urbana fueron el espectacular rapto de quince personas en el Edificio Miraflores en Neiva, y el cinematográfico secuestro de un avión en la misma ciudad, hecho que *rebosó la copa* y generó la ruptura del enredado y débil proceso de paz con la laxa administración de Andrés Pastrana.

A diferencia del Estado colombiano, las Farc ya habían considerado ese *curso de acción,* dentro de las variables de la guerra y por tanto estaban listas para aplicar el plan B, que se materializó de inmediato en una calculada retirada estratégica, complementada por una escalofriante escalada de terror en todo el país, para entrar en la preparación masiva de acciones militares de trascendencia, que ablanden al gobierno nacional y los posicionen como una fuerza beligerante, sin importar la dimensión de los actos terroristas, enseñanza directa y concreta de Eta e Ira.

Otro espectacular golpe perpetrado por los *comandos terrestres de las Farc,* producto del entrenamiento dado por Eta e Ira, fue el humillante secuestro de doce diputados de la Asamblea del Valle en pleno centro de la ciudad de Cali, acción que corroboró una vez más la capacidad de planear en detalle en la espesura de la montaña y ejecutar acciones contundentes en áreas urbanizadas para dificultar la efectividad de la inteligencia militar.

Después vino la sucesiva activación de coches-bomba, similares a los que emplean Eta e Ira, la aparente pasividad durante las caravanas turísticas previstas por el gobierno nacional para reactivar el consumo interno en épocas vacacionales y la innegable preparación militar en la que está empeñado cada frente de las Farc con la siniestra complicidad clandestina del gobierno venezolano, con el propósito de lanzar futuras acciones armadas de resonancia sobre centros urbanos.

Durante el desarrollo del proceso de crecimiento cuantitativo y cualitativo, ha progresado la llamada *artillería guerrillera* y la efectividad táctica de los *explosivistas,* es decir, de los guerrilleros capacitados por terroristas europeos e islámicos para colocar y activar artefactos explosivos en áreas urbanizadas.

En respuesta, el Estado colombiano incrementó el número de soldados profesionales[31] y por tanto mantuvo el esquema de buscar el combate de encuentro o la sorpresa táctica para destruir a los focos guerrilleros pero, a largo plazo, no ha articulado un detallado plan político-militar internacional para desbaratar la estrategia integral del adversario.

Por esa razón, apareció en solitario el presidente Álvaro Uribe Vélez, abanderado de una guerra que no es bien entendida por quienes son víctimas actuales o potenciales del conflicto, ni por amplios sectores de la opinión mundial, pues persiste el credo colectivo y difuso de que la guerra en Colombia es un problema entre militares y guerrilleros, con la circunstancia agravante de que la paz es cuestión de exclusiva responsabilidad para el presidente de turno y los guerrilleros.

O lo que es peor, la errónea concepción para muchos sectores de la comunidad internacional, de que la desestabilizadora guerra colombiana que a medio plazo afecta a todo el hemisferio occidental, se circunscribe a un sencillo problema de derechos humanos *en un país corrupto, tercermundista, sumido en el poder lenitivo del narcotráfico.*

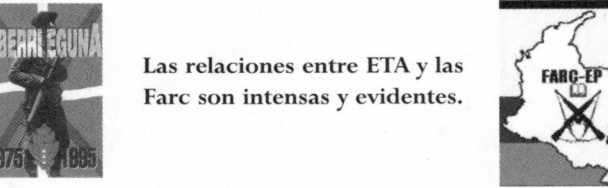

Las relaciones entre ETA y las Farc son intensas y evidentes.

---

[31] La conscripción para el servicio militar en Colombia es obligatoria, pero al cabo del tiempo impuesto por la ley los mejores soldados son contratados por el Estado para continuar en la defensa de la soberanía nacional y la integridad institucional.

II

NARCOTRÁFICO Y MOVIMIENTOS TERRORISTAS

INMERSIÓN EN NARCOTRÁFICO:
PRIMERO, LAS FARC; LUEGO, AL QAEDA, ETA E IRA

 PESE A LA RETICENCIA DE ACADÉMICOS, organizaciones internacionales y medios de comunicación para reconocer los evidentes nexos del narcotráfico con redes y agrupaciones terroristas diseminadas por el planeta, la prueba documentada indica que la guerra del siglo XXI está marcada, por lo menos en la primera etapa, por la mezcla narcotráfico-terrorismo tras conveniencias mutuas contra un enemigo común.

Tal negocio se vio incrementado gracias a los elevados ingresos y a las enormes posibilidades de crecimiento, junto con la consecuente progresión geopolítica y la identificación de las Farc, en todo el planeta, como fuerzas con capacidad desestabilizadora y, por motivos propagandísticos, con fuertes posibilidades de producir cambios sociopolíticos frente a *"modelos arcaicos de gobierno"*.

En una crónica analítica, publicada el 14 de septiembre de 2002 por el prestigioso diario *O' Globo* de Brasil, el columnista Olavo de Carvalho aseveró algo que pudiera tener asidero y explicación lógica para entender por qué se produjo el crecimiento del cártel de las Farc, que se constituyó como referente de los grupos terroristas islámicos, rusos, españoles y británicos, para robustecer las estructuras clandestinas armadas e incrementar los nexos con redes delictivas internacionales:

—Desde la década de los cincuenta, los servicios secretos de la Unión Soviética y China se infiltraron en el narcotráfico, no para entrar en el negocio, sino para dirigirlo desde arriba, usándolo para fines estratégicos que iban mucho más allá del horizonte de intereses de los meros traficantes[32].

—De esos fines, dos eran esenciales: la guerra psicológica y la creación de una red local de financiación para aliviar el enorme dispendio del bloque comunista con los movimientos revolucionarios en el mundo subdesarrollado.

—Ambos fines han sido alcanzados. Las drogas fueron un poderoso estimulante del movimiento pacifista de la juventud en los años 60-70, que abortó la intervención americana en Vietnam. Por otro lado, los movimientos revolucionarios de América Latina que, tras la caída de la Unión Soviética, deberían haberse secado por falta de recursos, no

[32] Caído el muro de Berlín y disuelto el poder comunista en Europa del Este, quedaron sin empleo definido los integrantes de la extensa red de inteligencia militar y propaganda soviéticos, que estaban regados por el mundo en permanente agitación para desestabilizar gobiernos occidentales. Como conocían el entorno del delito desestabilizador, algunos de ellos se integraron en las mafias rusas, que comercian armas, drogas, artículos de contrabando, mercancía pirateada, dinero falso, prostitutas, pornografía, etc.

sólo sobrevivieron al trauma, sino que crecieron en la década de los 90, alimentados por el negocio de las drogas.

—La estructura de explotación montada casi medio siglo antes permite que las Farc y el gobierno cubano sean hoy los mayores beneficiarios del narcotráfico y, al mismo tiempo, que puedan alegar con verosimilitud que no son traficantes.

—Agentes al servicio de las Farc y de Cuba han tenido enorme éxito al explotar el orgullo de las fuerzas armadas latinoamericanas, manteniéndolas lejos del combate contra el narcotráfico, con el argumento de que no deben consentir en *rebajarse* a la condición de *mera policía*. Así se hace una guerra a salvo de toda reacción que esté a la altura, pues dicha reacción es paralizada por escrúpulos corporativos y patrióticos.

El cuadro analítico esbozado a continuación, que resume la historia de los porcentajes de los ingresos monetarios de las Farc, corrobora partes del planteamiento de Carvalho y sirve de prueba fehaciente para verificar la importancia del narcotráfico en el auge del terrorismo, pues en la medida que las Farc ingresaron en el negocio de las drogas, incrementaron la oleada de acciones despiadadas contra la población civil colombiana, los turistas e inversores extranjeros y las empresas que construyen o mantienen activa la economía nacional.

Producto del desbarajuste institucional en el ámbito latinoamericano, de la imprevisión de los gobernantes que han dirigido los destinos nacionales durante los últimos cincuenta años del siglo XX, las Farc crecieron en Colombia de manera desmesurada e incluso, al ingresar en el narcotráfico, dejaron de ser vistas como las guerrillas románticas comunistas de inspiración agraria, según el concepto que de ellas tenían algunos intelectuales despistados y otros desinformados ciudadanos europeos o norteamericanos para convertirse en el más poderoso y peligroso cártel de narcotraficantes con aspiraciones políticas, sustentadas en la tesis-guía del marxismo-leninismo.

Evolución histórica de ingresos porcentuales de las Farc

Período	Secuestro	Extorsión	Atraco	Réditos	Narcotráfico	Desviación de fondos oficiales
1964-70	1 %	50 %	49 %	-	-	-
1970-75	25 %	40 %	28 %	-	-	-
1975-80	35 %	38 %	20 %	-	-	2.0 %
1980-85	35 %	30 %	15 %	15 %	15 %	3.0 %
1985-90	30 %	20 %	10 %	35 %	35 %	2.0 %
1990-95	15 %	15 %	8 %	55 %	55 %	5.0 %
1995-00	20 %	10 %	3 %	60 %	60 %	3.0 %
2000-02	15 %	15 %	1 %	49 %	49 %	12.0 %
2002-04	15.85 %	15.87 %	NR	48.78 %	48.78 %	7.3 %

Fuente: Cálculos aproximados elaborados con base en archivos de inteligencia militar colombiana, documentos del autor y estimaciones internas de las Farc.

El concepto de extorsión incluye dineros exigidos a los mineros bajo amenaza de muerte.

NR: No reportado.

Por elementales razones, el plan estratégico de las Farc configura una grave agresión contra la democracia, la solidez de la República y las instituciones, a la vez que constituye un agente desestabilizador de la seguridad hemisférica y mundial en plena época del auge del terrorismo internacional del cual son parte; además, se ven matizados por el odio contra los sistemas capitalistas, tesis que encuentra eco en variados sectores de la opinión mundial, afectada por la guerra de desinformación y propaganda de todas las vertientes.

Resultado del ingreso de astronómicas sumas de dinero a las arcas del grupo armado, derivadas del negocio de las drogas ilícitas y el secuestro, las Farc se posicionaron en el ambiente político y económico mundial como una *guerrilla rica* con capacidad de avituallar a más de 22.000 hombres, entrenados y mentalizados para desestabilizar al gobierno, lanzar una ofensiva generalizada y, a largo plazo, imponer las condiciones para intentar la toma del poder por medio de la combinación de todas las formas de lucha, sobre la línea general de la acción armada. El propósito final sería provocar el *efecto dominó* en todo Latinoamérica, con los graves riesgos que eso produciría para el mundo entero, habida cuenta de la creciente cercanía, sentimental o por conveniencia, con los demás grupos terroristas diseminados por el planeta.

Dados a estudiar los procesos de guerras revolucionarias ocurridas a lo largo de la historia universal, los terroristas islámicos y europeos observaron con especial detenimiento el poder bélico acumulado por las Farc gracias a ingentes ingresos del narcotráfico, a la vez que comprendieron que, además de servir de puente para contactar con los traficantes de armas, también podían asumir de manera progresiva el control de las drogas en el viejo continente y fortalecer estructuras políticas armadas para lograr los objetivos particulares de su entorno, con un ingrediente más: en algunos casos coinciden los odios contra los Estados Unidos, situación en la que el *triángulo letal* juega un papel importante para las proyecciones de unos y otros.

El surgimiento del *cártel de las Farc* es contemporáneo con el crecimiento cualitativo y cuantitativo de la organización terrorista, que copió tales enseñanzas de sus hijos rebeldes[33], los antiguos integrantes del M-19, quienes fueron la primera fuerza guerrillera que extor-

---

[33] Los fundadores del M-19 fueron exguerrilleros de las Farc que concibieron la lucha armada de otra manera e, inclusive, tomaron contactos con los gobiernos cubano y libio, Eta y los narcotraficantes centroamericanos.

sionó a los narcotraficantes en los departamentos de Antioquía, Caquetá, Cauca, Tolima, Guaviare y Putumayo[34], y por ende la que encendió la hoguera de un fuego complejo de sofocar.

Ex seminarista, católico, con sólida formación académica y liderazgo dentro del grupo, Fabián Ramírez, responsable de la cuadrilla 14 de las Farc y también del envío de más de mil toneladas de coca a los Estados Unidos y Europa durante los últimos cinco años. Está reclamado en extradición por varias cortes de los Estados Unidos. Es uno de los hombres con mayores posibilidades de ascendencia en la organización subversiva, dada su cercanía con la denominada "línea dura" de las Farc, orientada a buscar el debilitamiento del adversario por medio del terror.

Joaquín Gómez, políglota, ingeniero agrícola oriundo de la Costa Caribe, terrorista entrenado en Rusia y Cuba y uno de los jefes de la línea dura de las Farc, es el cabecilla del bloque sur, que aglutina las cuadrillas ubicadas donde más se produce coca. Responsable de varias masacres de campesinos, secuestros y asesinatos de personalidades, destierros de miles de colonos, además de ser el autor intelectual de los golpes más contundentes contra la Fuerza Pública en la zona, Gómez se perfila como uno de los nuevos capos del secretariado del cártel de las Farc.

---

[34] El secuestro de Martha Nieves Ochoa, del Clan Ochoa del cártel de Medellín destapó la *olla podrida* de la primera guerra de narcotraficantes contra guerrilleros.

FORMAS DE INTERVENCIÓN DE LAS FARC EN EL NARCOTRÁFICO Y EL TERRORISMO INTERNACIONAL

Años	Actividad
1977	Aparición de cultivos de coca en la Orinoquía y la Amazonía, manejados por los capos de los cárteles de Medellín y Cali.
1978-1979	Oposición inicial, con posterior aceptación de la siembra de los cultivos de coca. Activación de las *juntas patrióticas*, organizadas por el partido comunista colombiano para exigir contribuciones pecuniarias a los coqueros. Primeros contactos con la guerrilla centroamericana y peruana. Llegada a Colombia de instructores militares clandestinos, entre quienes hubo cubanos, brasileños, argentinos, nicaragüenses, vietnamitas y salvadoreños.
1979-2004	Regulación de los cultivos de coca. Exigencia de cultivos simultáneos y paralelos, para camuflar los grandes cultivos. Extorsión a narcotraficantes. Control de rutas y despachos. Primeros contactos con Eta e Ira.
1985	Primera propuesta de sustitución de cultivos ilícitos entre las Farc, el Estado y las comunidades. Incursión de las Farc para controlar la producción de látex de amapola en la zona andina y los cultivos de marihuana en todo el país. Contactos con el terrorismo islámico por medio de Ira, Eta y el gobernante libio Muammar el Gadaffi.
1986-1991	Supremacía de las actividades económica y armada sobre las esferas organizativa y política. Inmersión en el terrorismo, puro hasta aquella fecha característica del autodenominado ejército de liberación nacional (Eln). Entrenamiento en terrorismo urbano con Eta e Ira. Preparación de comandos con exguerrilleros del Vietcong.
1991-2004	Regulación policial del comportamiento de los narcotraficantes y laboratorios. Cualificación de estructuras entrenadas como comandos guerrilleros con capacidad de fuerzas especiales.

Años	Actividad
1995-1996	Organización en Putumayo y Guaviare de marchas cocaleras contra la fumigación y contra la presencia del Ejército. Incremento del uso de campos minados, artillería guerrillera tipo Ira y atentados urbanos tipo Eta.
1998-1999	Establecimiento de precios de sustentación. Eliminación de los comerciantes con la consecuente comercialización de la pasta por parte de las Farc. Inicio de la guerra contra las autodefensas por el control del narcotráfico. Primavera del terrorismo como forma de presión política, mientras acontece la farsa de la paz con el presidente Pastrana.
1999-2004	Oleadas terroristas, elevados ingresos a las arcas subversivas, contactos por conveniencia mutua con traficantes de armas y redes de Ira, Al Qaeda y Eta. Nexos con mafias rusas.

Poseídos de abundante dinero proveniente del narcotráfico disponible para financiar la guerra, gracias a los contactos internacionales conseguidos con los regímenes· comunistas de La Habana y Managua más algunos funcionarios oficiales corruptos de países centroamericanos, que cooperaban a cambio de sobornos, los jefes del M-19 cayeron en una actitud triunfalista y demencial, tendente a minimizar al adversario por medio de acciones espectaculares que culminaron con el sangriento asalto al Palacio de Justicia en noviembre de 1985, de donde pretendían robar los expedientes judiciales instruídos contra los capos del narcotráfico, fallida pero audaz acción armada, que se convirtió en el primer paso hacia la posterior rendición del grupo terrorista.

Estimulado por el espejo de sus colegas del M-19, Argemiro N, cabecilla del *primer frente* de las Farc, entonces asentado en los departamentos de Meta y Guaviare, presentó a finales de 1980 ante los jefes del secretariado un balance financiero positivo, en el que demostró con cifras los alcances de cobrar la llamada *cuota de gramaje* a los nar-

Granobles, hermano del *mono Jojoy*, los dos en la foto, reclamado en extradición por la autoría material e intelectual del secuestro y posterior asesinato de tres indigenistas norteamericanos, en los límites de Colombia y Venezuela. Tiene también órdenes de captura por homicidio, lesiones personales, rebelión, terrorismo y narcotráfico.

cotraficantes, por cada kilo de coca o de base de coca que entrara o saliera de los laboratorios incrustados en las selvas sur-orientales colombianas, donde ya existía el control coactivo de las Farc.

La idea llamó la atención tanto al Partido Comunista Colombiano como al secretariado de las Farc, que a partir de la séptima conferencia guerrillera, realizada en 1982 en la vereda La Totuma, límites entre el Distrito Capital y Cubarral-Meta, en pleno corazón del Páramo del Sumapaz, descubrieron la *gallina de los huevos de oro* para articular la estrategia financiera a los trabajos de orden político y la proyección armada, con miras a la conducción de una nueva fase, para ellos decisiva, de la guerra revolucionaria contra el denominado *viejo modo de vivir en Colombia*.

Seguro de los jugosos ingresos que percibirían por el oscuro negocio, Jacobo Arenas dispuso incrementar las cuotas monetarias exigidas a cada cuadrilla, y además encabezó la aventurada idea de que durante 1989 las Farc lanzarían la primera ofensiva generalizada para la toma del poder, con base en el denominado *movimiento bolivariano por una nueva Colombia*, que incluía primero un partido comunista clandestino sólido, y después la activación de la Unión Patriótica, movimiento político que gracias a la bonachona negociación de paz del presidente Belisario Betancourt, alcanzó importante connotación en el ambiente político nacional e internacional, e inclusive permitió que Braulio Herrera e Iván Márquez, terroristas eximidos transitoriamente de órdenes de captura, salieran a hacer proselitismo partidista a la plaza pública.

Izquierda. **Nelson Robles, experimentado secuestrador y extorsionista, habilidoso y escurridizo especialista en terrorismo urbano. Como jefe de las cuadrillas 52 y 55 de las Farc en el Páramo del Sumapaz, Robles ha entrenado en compañía de Carlos Arturo Lozada a más de 1.000 guerrilleros urbanos en técnicas de sabotaje. Recibió instrucción de terroristas vietnamitas, nicaragüenses, venezolanos, cubanos y salvadoreños. Es uno de los delincuentes más buscados en el centro del país.**

Derecha. **Tomás Lince, principal narcotraficante del Magdalena Medio y consumado terrorista especializado en las nefastas *minas quiebrapatas* que han dejado mas de 10.000 personas sin miembros inferiores entre soldados, campesinos, autodefensas e incluso guerrilleros que caen en las propias trampas.**

Pero los ambiciosos planes de Jacobo Arenas se estancaron, primero por la guerra de los cárteles de Medellín y Cali contra las Farc, y luego por la guerra entre cárteles por el predominio de extensas zonas geográficas cultivadas de coca, marihuana y amapola. Años más tarde, se añadió la incidencia mundial de los traficantes de armas para cooptar al mejor postor a compradores de equipo bélico y explosivos, con destino a los terroristas de cualquier parte del mundo, sin importar su ideología.

Mientras, a la vez y en oscuras circunstancias, los grupos de justicia privada y las Farc asesinaron a los militantes de la Unión Patriótica, casi siempre por razones derivadas de malos repartos de los botines, o por vivezas de unos y otros tratando de engañar al interlocutor con los dineros correspondientes; algunos guerrilleros adquirieron experiencia para controlar el cultivo y el procesamiento del alcaloide, así como el conocimiento adecuado para manejar la logística requerida para desarrollar la industria clandestina e ilícita, dentro y fuera del país, en especial para contactar con traficantes de armas y organizaciones no gubernamentales de ideología resbaladiza diseminadas por el mundo, gracias, en buena parte a los contactos con guerrilleros centroamericanos y Eta, de España, organización terrorista que los relacionó con europeos y asiáticos.

La ambición de las Farc para captar más dinero se convirtió en lo que denominaron *impuesto de guerra a los coqueros*, no sólo por la cantidad de cocaína procesada, sino por el ingreso de tasas, aterrizaje o estiba de aeronaves, paso de lanchas por los ríos, cantidad de trabajadores en *chagras*[35] y laboratorios, entrada y salida de los capos de los cárteles, porcentajes de ventas a los comisarios instalados dentro de los laboratorios de procesamiento de cocaína, entrada y salida de prostitutas, etc. Al unísono, extendieron dichos controles a áreas sembradas con amapola y marihuana.

La estricta supervisión guerrillera *rebosó la copa de la paciencia* de los capos de los cárteles de Cali y Medellín, que de inmediato buscaron la forma de vincular las *autodefensas campesinas*, hasta esa fecha legales y autorizadas por la Constitución Nacional, pero un poco descuidadas en asistencia técnica por las fuerzas del orden, para formar con ellas ilegales grupos de *justicia privada*, con capacidad para confrontar militarmente las guerrillas comunistas y coqueras, sin importar los medios utilizados.

---

[35] Espacio de selva deforestado donde los colonos armados derrumban árboles para sembrar coca.

Sin detenerse ante el sufrimiento del martirizado pueblo colombiano, al mismo tiempo *autodefensas* y guerrilleros contactaron con traficantes internacionales de armas, quienes les venden equipamiento militar a unos y otros, sin que preexista orientación o afinidad ideológica definida, que además son conectados por Ira y Eta, o por los capos europeos del narcotráfico, ambiciosos de llenar los bolsillos primero de dólares y ahora de euros.

En sentido cronológico, Gonzalo Rodríguez Gacha, extinto capo del cártel de Medellín, contrató un grupo de mercenarios encabezados por Yair Kleim, coronel retirado de las Fuerzas de Defensa Israelíes, y un ex-oficial británico para que entrenaran en la clandestinidad mil hombres armados y equipados como fuerza paralela de infantería ligera, con la intención de incursionar a *casa verde*, entonces santuario del secretariado de las Farc, concedido de manera bonachona por diversos gobiernos de turno, ubicado en el área rural de Uribe-Meta.

El secretario de las Farc se mantiene igual desde hace más de dos décadas por negociar con los cambiantes gobiernos de turno. Dicha ventaja les da experiencia y conocimiento de la erosionada dirección política colombiana.

El para la época ministro de gobierno y después presidente de la república César Gaviria Trujillo generó un amplio debate acerca del tema, que presentó ante la opinión pública con visos sensacionalistas y egoístas fines politiqueros, al denunciar que en el Magdalena Medio existían unos grupos de justicia privada que atacaban a los dirigentes políticos de izquierda.

El sinuoso esquema de gobierno del presidente Virgilio Barco Vargas (1986-1990) declaró ilegales las *autodefensas campesinas*, decisión que, desde luego, aceleró la degradación del conflicto interno matizado por complejos perfiles, en el que hubo escenarios de guerra entre los cárteles de Medellín y Cali, ataques mutuos entre narcos y guerrilleros, división entre las *autodefensas* que estaban a favor o en contra del narcotráfico, y por ende, ataques de todas las vertientes ilegales armadas entre sí o contra la fuerza pública. Para la época, ya los traficantes de armas sostenían fuertes contactos con las guerrillas colombianas, por medio de enlaces de Eta o Ira.

La insostenible situación para el sorprendido gobierno nacional en las áreas urbanas aumentó la cobertura coactiva e intimidatoria de las Farc en las áreas rurales, donde poco a poco construyeron las estructuras subversivas, favorecidas por los ingentes ingresos del narcotráfico y la incapacidad del Estado para enfrentarse con éxito a tantos agentes generadores de violencia.

La ventaja de la iniciativa estratégica ya estaba implícita en el actuar de los agentes generadores de violencia, debido al acumulado desconocimiento del adversario desde gobiernos anteriores por parte de los dirigentes políticos de turno.

Las Farc pagaron caro el costo de ingresar en el mundo del narcotráfico con la muerte de más de 2.800 cuadros políticos de la Unión Patriótica, entre ellos el presidente de *Asonal Judicial*[36], el controvertido abogado Jaime Pardo Leal[37], pero garantizaron que durante los diez primeros años de desarrollo de la estrategia financiera derivada del ilícito negocio, entre 1982 y 1992, sus efectivos pasaran de 1.000 a 11.000, a pesar de las bajas en combate, las deserciones y los retiros de combatientes autorizados por los cabecillas.

---

[36] Asociación Nacional de empleados de la Rama Judicial.

[37] El locuaz dirigente comunista era famoso porque, cuando desempeñó labores como juez de la República en Bogotá, dejó libres a muchos guerrilleros con el consabido argumento de la falta de pruebas.

Cuadrilla Antonio Ruiz en movimiento desde el Guaviare hacia Santander.

A la fallida operación militar del gobierno Gaviria contra el santuario guerrillero de *casa verde*[38], ejecutada el 9 de diciembre de 1990, que dentro del proceso histórico de las Farc, convirtió un revés táctico en una oportunidad estratégica y política, para oxigenarse y replantear el nuevo modo de operar, ya sin la obsesiva presión política de Jacobo Arenas, fallecido meses antes; se sumaron ingredientes que contribuyeron al desarrollo estratégico del grupo terrorista, tales como la cantidad de fracasos y errores de la política integral del llamado *Kínder de palacio*[39], la vergonzosa fuga de Pablo Escobar de la supuesta cárcel de la Catedral, el show de los inexistentes diálogos gobierno-Cng[40] en Cravo Norte-Arauca, Tlaxcala-México y Caracas-Venezuela, las tan cuestionadas medidas neoliberales gaviristas, y el más funesto recorte de energía eléctrica padecido por país alguno en Latinoamérica.

De manera calculada al principio y al final de la Asamblea Nacional Constituyente, evento histórico que culminó con el cambio

---

[38] Sede del secretariado de las Farc durante mas de 10 años, con la permisividad de los gobiernos de Belisario Betancourt, Virgilio Barco y César Gaviria Trujillo.

[39] Jocoso calificativo para señalar los jóvenes ministros y asesores del presidente Gaviria.

[40] Coordinadora nacional guerrillera integrada por las Farc, el Eln, el Epl, el Prt y el Quintín Lame.

de la Constitución Nacional de 1886, fortalecidas con los dineros del narcotráfico, las Farc desataron novedosas oleadas terroristas contra la infraestructura energética, accionar violento que antes era característica exclusiva del Eln, grupo del que también copiaron, a partir de esa fecha el empleo de *minas quiebrapatas*[41] y colocación de artefactos explosivos contra lo que denominan *objetivos militares*.

En esa época, comenzaron a detectarse indicios acerca de la participación de terroristas vascos en el adiestramiento de las Farc, así como la cercanía de algunas autoridades venezolanas proclives al ideario comunista, en el avituallamiento del grupo guerrillero, a la par con los evidentes contactos con traficantes internacionales de armas ubicados en la antigua Unión Soviética, los Balcanes y los países de Europa Oriental, gracias a la eficiente intermediación de Eta, que de paso visualizó la importancia estratégica y táctica de la inmersión en el narcotráfico.

Eta entró en Latinoamérica y estableció contacto con las guerrillas izquierdistas por medio de Cuba. Desde los inicios de la revolución cubana, los *etarras* llegaron a la isla para buscar solidaridad internacional y apoyar la lucha para frenar la contrarrevolución auspiciada por la Cia. Estimulados por la Kgb y el aparato de propaganda exterior soviético que infiltró y manipuló los partidos comunistas latinoamericanos, los *etarras* acudieron a Nicaragua durante la lucha armada contra la dictadura de Somoza, e incluso cuando los comunistas conquistaron el poder, algunos *etarras* desempeñaron cargos oficiales dentro de los organismos de seguridad sandinistas.

La segunda intención de los *etarras* depende del sentimiento intrínseco de toda organización revolucionaria armada, que aspira lograr algún día el objetivo político de ganar la guerra. Cuba era un buen espejo, por lo tanto los terroristas negociaban entre estado

---

[41] Minas antipersonales elaboradas de manera artesanal y rústica en campamentos guerrilleros.

existente y estado en gestación, similar razón por la que Cuba ha sido madriguera para delincuentes de todo el mundo, pues los dirigentes comunistas cubanos no cejan en el empeño de creer en la resurrección y universalización del comunismo, aunque este haya caído en el Viejo Continente[42].

En ese orden de ideas, existe una coincidencia en el comportamiento de todos los terroristas en el mundo: agredir y declararse agredidos. Con base en dicha *lógica* subversiva, los palestinos se inmolan y causan graves daños a la población israelí, pues desde esta óptica su comportamiento es una supuesta respuesta ante una agresión.

De la misma manera, Al Qaeda ataca a Estados Unidos y la Unión Europea porque son *infieles* religiosos que los agreden con su presencia en el suelo sagrado del Islam y las Farc secuestran, matan y roban porque luchan *por liberar al pueblo*. Los *etarras* cometen cientos de actos de barbarie porque el *País Vasco* debe ser liberado de España. En todos los casos, hay una maquiavélica justificación para actuar de esta manera.

En síntesis, además de proporcionarles tranquilidad en el planeamiento organizacional gracias a la amplitud y rápida fluidez financiera, el dinero del narcotráfico produjo un salto cualitativo y una transformación cuantitativa en las Farc durante la década de los 80 y la primera parte de la década de los noventa, hasta configurar la actual estructura subversiva, con claros nexos con terroristas internacionales, que entienden y aplican el mismo proceder para ganar espacio en sus áreas de influencia.

A partir de 1991, las Farc dejaron de pensar como guerrilleros de extracción y actuar campesino, provistos para la guerra revolucionaria con armas robadas en combate, pues ya no tenían la obligación

---

[42] A mediados de 2004 fue capturado en Cuba un capo del narcotráfico colombiano apodado *el rasguño*.

de rendir cuentas al partido comunista colombiano, impuesta durante la vida de Jacobo Arenas, sino que poseían grandes sumas de dólares para realizar gigantescas negociaciones con los traficantes de armas, municiones y explosivos o para contratar mercenarios que los entrenaran en refinadas técnicas de sabotaje y terrorismo, actuar como una beligerante fuerza armada paralela, además de la posibilidad de fundar su propio partido comunista clandestino.

INGRESOS MONETARIOS GLOBALES APROXIMADOS POR AÑO DENTRO DE CADA PERIODO

Período	Pesos	Dólares	Euros	Valor Dólar	Valor Euro
1964-1970	5.000.000.oo	330.000.oo	-	$15.15	-
1970-1975	15.000.000.oo	750.000.oo	-	$20.oo	-
1975-1980	85.000.000.oo	3.400.000.oo	-	$25.oo	-
1980-1985	250.000.000.oo	5.000.000.oo	-	$50.oo	-
1985-1990	1.000.000.000.oo	16.700.000.oo	-	$60.oo	-
1990-1995	20.000.000.000.oo	100.000.000.oo	-	$200.oo	-
1995-2000	240.000.000.000.oo	300.000.000.oo	300.000.000.oo	$800.oo 2000.oo	2.000.oo
2000-2002	1.200.000.000.000.oo	500.000.000.oo	490.000.000.oo	$2400.oo	2.450.oo
2003	2.050.000.000.000.oo	820.000.000.oo	685.000.000.oo	$2500.oo	3.000.oo

El incremento cuantitativo en hombres, armas y capacidad armada de las Farc es paralelo al auge de los ingresos, además de un reflejo coincidente con el desarrollo de la economía colombiana, afectada parcialmente por el flujo de las divisas del narcotráfico.

En crónica publicada en Internet por Ramiro Gutiérrez Z, se asegura que el Departamento Administrativo de Planeación Nacional (Dane) señala que las Farc perciben ingresos anuales de 576 millones de dólares. El Investigador Paul Collier calcula que las Farc perciben ingresos de 700 millones de dólares anuales.

En un artículo publicado por *Le Fígaro* de París y reproducido por la revista *Cambio* de Colombia, el analista francés Guy Sorman sostiene que las Farc tienen 30.000 hombres y mujeres en armas e ingresos por diversos negocios de 1.500 millones de dólares anuales, equivalentes a 3 billones 450 mil millones de pesos, de los cuales dos terceras partes, equivalentes a 1.000 millones de dólares, provienen de la cocaína o la amapola y la otra tercera parte, 500 millones de dólares, de secuestros, protección y extorsiones.

Tirofijo y el **mono Jojoy**, experimentados terroristas que encarnan el ideal leninista con la acción armada y el terror contra la población civil.

Las Farc pasaron de la construcción progresiva de la solidaridad política dentro de las *masas campesinas* a la presencia agresiva y beligerante de la línea combativa impuesta por *tirofijo*[43], el *mono Jojoy*, el *Cucho* y sus discípulos, Romaña, Miller, Joaquín Gómez, Fabián Ramírez, Granobles, Tomás Lince, Nelson Robles, Joaquín Garganta, Marco Aurelio Buendía, Rafael Gutiérrez, Simón Trinidad etc., para demostrar capacidad bélica y, a la vez, tratar de desmoralizar al adversario, sin importar los medios, ni los alcances de las arremetidas terroristas, ni los daños que sufra la población civil.

En esta nueva visión, jugaron papel importante los terroristas vascos e irlandeses, que inculcaron a las Farc la metodología de atemorizar al adversario por medio de acciones desmedidas de violencia, sin importar el padecimiento que se cause a la población por la que dicen luchar. Lo esencial es amedrentar al enemigo, sin que además los afectados los identifiquen como adversarios, pese a que los están destruyendo. Es su lógica siniestra.

La justificación para el actuar terrorista de las Farc nace de la absurda premisa política de *etarras* e irlandeses extremistas de ablandar al enemigo para que ceda, aumentada con la visión apocalíptica de Al Qaeda de destruir o descompensar todo lo que tenga que ver

---

[43] Manuel Marulanda Vélez, alias *Tirofijo* principal cabecilla de las Farc.

con la infidelidad occidental capitalista, para unos y otros, causantes de todos los males que aquejan al mundo moderno.

Con suficiente dinero en sus arcas y con crecientes nexos internacionales, las Farc asumieron en 1985 las funciones de portavoz y dirección estratégica de la endeble *coordinadora nacional guerrillera*, integrada por las guerrillas del Epl[44], el Eln, los reductos del M-19[45] que no se entregaron, y otros grupúsculos nacidos a partir de los tantos coletazos y subdivisiones, surgidos en los partidos comunistas del tercer mundo, durante la primavera de la ideología comunista en Rusia y la llamada *cortina de hierro*.

El dinero del narcotráfico y la tecnología *etarra* dieron poder y capacidad a las Farc para imponer *la ley del revólver* en extensos territorios carentes de la presencia del Estado, actitud triunfalista y contestataria que es compartida por Eta e Ira.

INGRESOS MONETARIOS, DETALLADOS Y PORCENTUALES DE LAS FARC DURANTE 2003

Rubro	Pesos	Dólares	Euros	%
Narcotráfico	1.000.000.000.000.oo	400.000.000.oo	320.000.000.oo	48.78 %
Secuestro	325.000.000.000.oo	130.000.000.oo	104.000.000.oo	15.85 %
Extorsión	200.000.000.000.oo	80.000.000.oo	64.000.000.oo	9.75 %
Réditos Financieros	250.000.000.000.oo	100.000.000.oo	800.000.000.oo	12.20 %
Desviación recursos	150.000.000.000.oo	60.000.000.oo	48.000.000.oo	7.30 %
Minería	125.000.000.000.oo	50.000.000.oo	40.000.000.oo	6.12 %
TOTALES	2.050.000.000.000.oo	820.000.000.oo	656.000.000.oo	100 %

* El valor del dólar se estimó en promedio de $2.500 y el del euro en $3.000.oo

La concepción básica del manejo del narcotráfico, como principal fuente de ingresos, radica en que al enemigo capitalista hay que ahogarlo con la propia sangre de su dinero, para luego destruirlo con ese mismo recurso.

---

[44] Guerrilla pro-china, autodenominada ejército popular de liberación.

[45] Movimiento 19 de abril, de inspiración comunista, orientado por Fidel Castro.

Cuantificación aproximada de ingresos de las Farc 2003

Concepto	Pesos (millones)	Dólares	Euros	Base
Alimentación	120.450.oo	48.180.000.oo	40.150.000.oo	6 $/guerrillero/día
Salud	2.750.oo	1.100.000.oo	917.000.oo	50 $/guerrillero/año
Propaganda	6.250.oo	2.500.000.oo	2.083.000.oo	Impresos, audio, video, Internet, Ong´s.
Desplazamientos	10.000.oo	4.000.000.oo	3.330.000.oo	Transporte guerrilleros
Armamento	500.000.oo	200.000.000.oo	170.000.000.oo	Fusiles, ametralladoras, etc.
Avituallamiento	50.000.oo	20.000.000.oo	16.700.000.oo	Uniformes, botas, etc
Comunicaciones	2.500.oo	1.000.000.oo	830.300.oo	Radios, Internet, celulares, etc.
Manten. inmuebles	2.500.oo	1.000.000.oo	830.300.oo	
Vehículos	5.000.oo	2.000.000.oo	1.660.600.oo	
Equipo Técnico	2.500.oo	1.000.000.oo	830.300.oo	Brújulas, scanner, Gps, miras, etc
Inteligencia	7.500.oo	3.000.000.oo	2.490.900.oo	
Guerra Artesanal	2.500.oo	1.000.000.oo	830.300.oo	Cilindros, minas, metralla, etc
Explosivos	100.000.oo	40.000.000.oo	33.000.000.oo	
Const. carreteras	2.500.oo	60.000.000.oo	48.000.000.oo	
Útiles de aseo	6.600.oo	2.640.000.oo	2.200.000.oo	10 dólares al mes por hombre
Milicias bolivarianas	10.000.oo	4.000.000.oo	3.330.300.oo	

Debido al elevado coste de la maquinaria y el combustible, las obras de infraestructura civil como carreteras y puentes dentro de la selva o la montaña, construidas por iniciativa de *Tirofijo*, quien fue inspector de Obras Públicas en Planadas-Tolima, son el concepto que más incrementa los gastos de las Farc, en especial para los bloques sur y oriental.

No se cuantificaron en esta tabla costos de armerías, talleres de sastrería, equipos de oficina, ni televisores, estufas, plantas eléctricas, ollas, herramientas, plásticos, linternas y muchos otros implementos de consumo utilizados en campamentos de las Farc. Tampoco están cuantificadas fiestas colectivas, ni otros gastos suntuosos derivados del ejercicio diario de la guerra, considerados imprevistos.

EL FRENTE INTERNACIONAL DE LAS FARC

LA GUERRA COLOMBIANA TRASPASÓ LAS FRONTERAS, no sólo de los países vecinos sino que, por extensión del narcotráfico, afecta a los países del llamado Primer Mundo. Además de las *oficinas internacionales* que las Farc han tenido en diversas épocas para hacer diplomacia paralela en Costa Rica, México, Argentina, Brasil y Ecuador, se suman esporádicas apariciones de Olga Marín, la hija de *Tirofijo*, Raúl Reyes y Marcos Calarcá en escenarios internacionales para exponer la plataforma ideológica del movimiento terrorista y negar cualquier nexo con el narcotráfico, así como el rechazo sistemático contra toda acusación que los ligue con el terrorismo, según ellos invento del capitalismo, su enemigo ideológico número uno.

El servicio diplomático colombiano, muy dado a disfrutar las mieles de la burocracia, pero absolutamente alejado de la realidad nacional, se ha quedado corto —por falta de estrategia integral y de deseos— para contrarrestar la acción nociva de los comisarios políti-

Marcos Calarcá, narcotraficante, terrorista y comerciante de armas. Pertenece a las Farc, pero nunca ha empuñado un arma en combate. Junto con Raúl Reyes, ha desarrollado una intensa campaña proselitista en el exterior y establecido contactos con Eta, el Ira, las mafias rusas y Al Qaeda. También tiene nexos muy cercanos con los narcos peruanos, bolivianos y mexicanos y la dictadura cubana. Pese a no tener experiencia en combate, es uno de los más avezados capos del cártel de las Farc.

cos de las Farc, sindicalistas exiliados por pertenecer a la organización clandestina, excombatientes lisiados, hijos de antiguos guerrilleros, miembros del partido comunista e integrantes de las redes de apoyo internacional que, orientados por el ideario subversivo y estimulados por los ingresos del narcotráfico, promueven de manera permanente propaganda abierta y soterrada para promocionar supuestos ideales de cambio político y social por medio de la lucha armada, único medio para derrotar a *los burgueses* dueños del poder, con la anuencia de receptores y difusores, dentro y fuera de Colombia.

El actuar subrepticio del frente internacional de las Farc ha extendido tentáculos hasta los Estados Unidos. Prueba de ello es que en declaración jurada de un agente del Servicio de Seguridad Diplomática de México, presentada ante un tribunal federal en Miami, acusó a la nicaragüense de 49 años nacionalizada estadounidense, Julieta Quiróz, ex-cónsul adjunta de la Embajada de ese país en México, de participar en un plan de sobornos, por el que recibió 345.000 dólares, producto de la venta de 180 visados tramitados de forma irregular, que fueron concedidas a terroristas de las Farc, traficantes de drogas y armas.

Acusada de asociación para delinquir, soborno y fraude, Julieta Quiróz fue arrestada junto con Olga Elena Ramírez y su esposo, Juan Carlos Ramírez. Por la misma época, los servicios de inteligencia norteamericanos apresaron en Miami a un traficante de armas que abastecía las redes clandestinas de las Farc, desde las costas de Florida y el Caribe.

En torno al mismo problema, en otro escenario geopolítico, un politólogo argentino aseveró que, superados los reclamos limítrofes con Chile, la situación de Brasil y el narcotráfico constituye sin duda la preocupación estratégica central para Argentina y a renglón seguido aseveró:

—"Brasil, nuestro principal aliado en la región, además de tener sectores de sus megalópolis fuera de control, está cercado desde el Paraguay hasta la Orinoquía por los diversos segmentos de la actividad de este núcleo de poder, hoy en conexión y simbiosis con los remanentes del terrorismo revolucionario marxista, en particular las Farc, actualmente el más importante cártel de las drogas".

—Esta banda revolucionaria cuenta con apoyos externos provenientes de Europa y particularmente de China, con creciente posicionamiento en América Central. Ha adquirido territorio (100.000 Kms^2), lo que las impulsa a actuar como un nuevo actor internacional, cuasi-estatal. Por ejemplo, mantiene representantes en las capitales sudamericanas que solicitan reconocimiento de los gobiernos. Su actividad en las universidades y en organizaciones de extrema izquierda son conocidas.

DEBILIDAD GUBERNAMENTAL COLOMBIANA AL FINAL DE LA GUERRA FRÍA

EL COINCIDENTE CRECIMIENTO INTEGRAL DE LAS FARC con el final de la guerra fría no es gratuito ni obedece solo al inteligente desarrollo de una estrategia articulada de *guerra revolucionaria*, administrada con cabeza fría y progresión por el Partido Comunista Colombiano y el secretariado de la organización alzada en armas.

La inusitada expansión de las Farc proviene en gran parte en el ámbito nacional, de la ingobernabilidad acumulada de los presidentes Belisario Betancourt Cuartas, Virgilio Barco Vargas, Cesar Gaviria Trujillo, Ernesto Samper Pizano y Andrés Pastrana Arango, incapaces durante 20 años consecutivos contabilizados entre 1982 y 2002, de diseñar o articular una estrategia integral del Estado colombiano, para combatir contra la estrategia conjunta de las Farc.

Y en el orden internacional, depende de la indiferencia de los estados afectados por el terrorismo, el narcotráfico, la presencia de traficantes de armas y la existencia de *paraísos fiscales*, que nunca han considerado la agresión como un problema mundial.

Con base en las estadísticas enunciadas, no es aventurado afirmar que, durante veinte años consecutivos, las Farc retuvieron la iniciativa estratégica de la conducción de una guerra que dejó de ser particular para convertirse en universal, y por ende llenaron vacíos de autoridad permitidos por el Estado colombiano y la insensible comunidad internacional, gracias a la confusión gubernamental, el poder del dinero ilícito y el crecimiento matemático y geométrico en hombres y armas de los terroristas, con ramificaciones en diversos continentes, como se infiere en los cuadros de la página siguiente.

Durante 20 años acumulados y continuos de debilidad gubernamental e indiferencia internacional, mediante un intenso *trabajo de masas*[46], las Farc crecieron de 1.000 hombres a 22.000, es decir se multiplicaron en una tasa superior al 2.200 %; los cultivos ilícitos pasaron de 5.000 hectáreas a 200.000, esto es, se multiplicaron en un porcentaje superior al 4.000 %. Además revivieron los remanentes del Eln, mientras que las autodefensas, ahora ilegales, se convirtieron en un *talón de Aquiles* para la política de derechos humanos de los gobiernos de turno[47].

De los cinco periodos presidenciales mencionados, no hay uno solo que haya concebido una política coherente ni consistente, ni

---

[46] Contacto clandestino permanente con el campesinado para organizar redes de apoyo y reclutar adeptos.

[47] Gracias a los ingentes ingresos del narcotráfico, en un periodo de 14 años comprendido entre 1990-2004, las Farc incorporaron 46.700 guerrilleros, equivalente al 79 % de la incorporación total realizada durante 40 años de existencia de la agrupación subversiva.

Período	Hombres en armas	Desertores, retirados, capturados, discapacitados	Bajas en combate	Incorporados	Menores de edad en armas	Mujeres
1964-70	200	NR.	60	460	20	20
1970-75	600	50	170	420	100	40
1975-80	800	200	230	1230	250	150
1980-85	1.600	300	350	3050	450	250
1985-90	4.000	1.000	1.200	5.200	1.700	1.000
1990-95	7.000	2.200	3.000	10.200	2.300	2.000
1995-00	12.000	3.500	4.500	14.000	4.700	4.500
2000-02	18.000	6.000	7.500	13.500	7.000	6.500
2002-04	22.000	3.000	4.000	9.000	8.000	7.000
Totales		**16.250**	**21.010**	**57.060**		

TOTAL DE PERSONAS QUE HAN PASADO POR LAS FILAS DE LAS FARC ENTRE 1964-2004

Detalle	Cantidad
Desertores	16.250
Bajas en combate	21.010
Fuerza actual	22.000*
Total	59.260

* A la cantidad de hombres en armas se suman 8.000 auxiliares de apoyo logístico, redes de inteligencia urbana y milicias bolivarianas, para totalizar cerca de 30.000 personas vinculadas en forma directa con la organización clandestina, los cuales aterrorizan a 44 millones de habitantes y además ponen en vilo la seguridad de turistas, inversores y visitantes extranjeros.

fuerte para enfrentarse a las Farc, mucho menos una estrategia cohesionada con la comunidad internacional para combatir la línea integral del adversario, pese a las crecientes evidencias de la inmersión de la guerrilla en el narcotráfico y la cercanía con los traficantes de armas, por medio de terroristas europeos[48].

[48] El leve intento de Andrés Pastrana con el criticado Plan Colombia, buscaba más la figuración personal del mandatario fotografiado al lado del presidente Clinton, que la profundidad estratégica necesaria para ganar la guerra a los violentos.

La ambivalente incapacidad para llamar a las cosas por su nombre y los continuos roces entre las cúpulas militares con los gobernantes de turno demuestran la incompetencia política y estratégica de los mencionados ex-presidentes para dirigir la defensa nacional, lo cual "per se", merecería un serio juicio histórico a sus ejecutorias.

Destrucción de varias viviendas civiles construidas alrededor de un cuártel de policía en Jamundí Valle, fiel reflejo de la debilidad gubernamental colombiana frente a la agresividad de las Farc, durante más de dos décadas de gobierno.

Belisario Betancourt Cuartas inició la cadena de errores y desaciertos en la conducción de la estrategia conjunta de la defensa nacional para contrarrestar a los agentes generadores de violencia, que ya interferían en la seguridad conjunta del estado colombiano. El primer peldaño de la ascendente escala de desaciertos por falta de estrategia y de autoridad del populista presidente consistió en viajar a España para reunirse en Madrid con terroristas del M-19, agrupación delictiva que, por la misma época, contactó con Eta, los narcotraficantes de ambos países y funcionarios del gobierno libio en el Viejo Continente.

Ansioso de ser nominado al Premio Nobel de Paz y a la vez manipular la opinión pública interna mediante actos premeditados con fines egoístas, Betancourt inició diálogos con la curtida dirigencia guerrillera de forma separada y desordenada. Al mismo tiempo, se entrometió en agudos problemas de paz y guerra en la convulsionada región de Centroamérica.

Al final de su mandato en 1986, quedó la sensación de que Belisario Betancourt no tenía claro lo que quería, mientras que las Farc daban cada paso calculado y sobre seguro, a partir de una estrategia integral. Corrobora esta conclusión que, mediante una apresurada decisión vanidosa y politiquera, el presidente Betancourt indujo al general Fernando Landazábal Reyes a renunciar al cargo de Ministro de Defensa, porque el alto oficial advirtió en un consejo de ministros cuales eran las verdaderas intenciones de las Farc y cómo se financiaban.

Como era de suponer, los medios de comunicación y periodistas, *tropicalistas,* sensibles a la especulación y el sensacionalismo, supusieron eventuales conspiraciones militares para propiciar un golpe de estado.

Durante el resto de tiempo de la administración Betancourt, las relaciones con el mando militar colombiano fueron tensas y lejanas. El sucesor de Landazábal, también general del Ejército, Gustavo Matamoros D'Costa, falleció víctima de una enfermedad terminal, limitación física que le impidió ejercer la dirección estratégica-operativa de las Fuerzas Militares o conseguir en el por siempre diversificado Congreso de la República leyes favorables para combatir el problema.

Entretanto, en la arena real de la política, el marcado distanciamiento entre las fuerzas militares y el presidente Betancourt, caracterizado por prevenciones mutuas, facilitó el camino a las Farc para crecer dentro y fuera del país acorde con una estrategia integral.

Debido a las extremas concesiones políticas del presidente Betancourt a los guerrilleros y al inusitado *boom* periodístico y propagandístico de los supuestos diálogos de paz en ese momento, terminó el periodo de la laxa administración política en el cargo de Ministro de Defensa el general Miguel Vega Uribe, maniatado y sin capacidad de decisión para actuar contra la fuente de la agresión.

Sin duda, las Farc ya tenían a su favor la iniciativa estratégica, afianzada por el sustento financiero que proporcionaba el dinero recolectado del narcotráfico y la asesoría política de terroristas internacionales, pero sobre todo ante la heterogeneidad ideológica y conceptual frente a la guerra, por parte del gobierno colombiano, que en ese entorno de ambigüedades ha carecido de una estrategia coherente para contener y derrotar la subversión, y por ende de la capacidad de buscar respuesta coordinada internacional contra un flagelo que apenas comenzaba a tomar fuerza.

Dotado de un aguzado olfato político, Jacobo Arenas midió el pulso del primer mandatario y lo engatusó. De manera calculada las Farc incluyeron en el comité de diálogo al dirigente comunista Alberto Rojas Puyo, quien, por afinidad ideológica, se convirtió en el mejor *agente de inteligencia fariana*[49] para mantener informado al secretariado guerrillero, al día y por anticipado de lo que pensaba el gobierno nacional, respecto al inútil e improductivo proceso.

Cada vez que los delegados oficiales viajaron para dialogar en *casa verde*, ya las Farc habían evaluado las propuestas que hasta ahora les iban a presentar los funcionarios gubernamentales, y por lo tanto tenían lista la próxima dilación para ganar tiempo, mientras los frentes guerrilleros diseminados por todo el país recogían frutos del narcotráfico, gracias a que el *cese al fuego* incluyó suspensión de operaciones militares del Estado colombiano en sectores de presencia subversiva, que por obvias razones coincidían con las áreas cultivadas de coca, marihuana y amapola, y sectores donde podían recibir terro-

---

[49] Léase **Correspondencia secreta del proceso de paz**, Jacobo Arenas, editorial Abeja Negra, 1987.

ristas europeos, vietnamitas y centroamericanos para que los entrenaran.

Grupos de las Farc en desplazamientos por la agreste topografía colombiana, ubicados en lugares estratégicos aptos para la guerra de guerrillas como son las montañas y en especial los páramos a más de 4.000 metros de altura, donde se cultiva amapola de la mejor calidad.

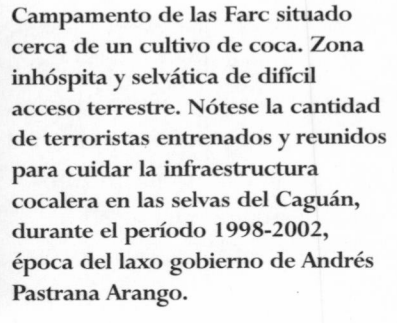

Campamento de las Farc situado cerca de un cultivo de coca. Zona inhóspita y selvática de difícil acceso terrestre. Nótese la cantidad de terroristas entrenados y reunidos para cuidar la infraestructura cocalera en las selvas del Caguán, durante el período 1998-2002, época del laxo gobierno de Andrés Pastrana Arango.

En todos los contactos realizados por las Farc para conseguir los instructores extranjeros jugaron un papel trascendente los gobiernos comunistas de Cuba, Vietnam y Nicaragua, así como los contactos internacionales con Eta, Ira y otros grupos terroristas diseminados por el planeta, quienes los refinaron en la tecnología de la mentira y la farsa propagandista, propias del revolucionario leninista.

Insertos dentro del mismo esquema de decir algo y proceder de otra forma, los frentes guerrilleros de las Farc secuestraron a muchos ganaderos y hacendados pero negaron la participación de las Farc. O asesinaron a copartidarios integrantes de la Unión Patriótica, guerrilleros juzgados en amañados *consejos de guerra revolucionarios*, y demás víctimas declaradas *enemigos de clase*, pero con audaz cinismo negaron la autoría intelectual o material en los crímenes[50].

Inmiscuido sin invitación formal en mecanismos difusos tendentes a solucionar complejos problemas sociopolíticos en Centroamérica, con el velado propósito de buscar réditos personales, Belisario Betancourt cayó en la trampa paralela montada por las Farc y el M-19, de negociar sin objetivos precisos, hasta que ocurrió el vergonzoso episodio del sangriento asalto terrorista al Palacio de Justicia, ejecutado por el M-19 con el doble propósito de sacar por la fuerza de las altas salas judiciales todos los expedientes instruidos en contra de narcotraficantes, a cambio de recibir armas y recursos para la guerrilla y a la vez cumplir con la osada intención de sentar al presidente de la República en una especie de *juicio popular* televisado.

La sangrienta pero inevitable operación militar ejecutada para recuperar el Palacio de Justicia, culminó en un dantesco escenario de desprestigio para Colombia y de evidente negación para los intereses egoístas del añorado premio Nóbel de la Paz, por parte del iluso presidente Betancourt.

Entretanto, las Farc aprovecharon la coyuntura para dilatar la tregua, por tanto propusieron al presidente Betancourt la idea de alargar un año más los términos del alto el fuego, *anzuelo* que mordió el primer mandatario, abrigando todavía una leve esperanza de alcanzar el obsesivo premio mundial, sin importar el sacrificio y el martirio del pueblo colombiano, ni que ese alargamiento comprometiera a su sucesor, pues en ese momento, apenas faltaban ocho meses para terminar el laxo mandato presidencial de Belisario Betancourt.

Así transcurrieron los cuatro años de gobierno de Virgilio Barco Vargas, sin que se hubiera ordenado ni autorizado ninguna operación militar contra *casa verde*, pese a que, enriquecidas con el narcotráfi-

---

[50] Léase **En El Infierno**, testimonio de Johny. Coronel Luis Alberto Villamarín Pulido, autoedición 2003.

co, las Farc incrementaron las acciones terroristas contra los colombianos, materializadas en asaltos a municipios, destrucción de puentes, ataques a puestos de policía, secuestros de civiles, paros agrarios y arteras emboscadas, como la dirigida por el *mono Jojoy* cerca de Puerto Rico-Caquetá en 1987, en la cual murieron 27 soldados que trabajaban en la adecuación de una carretera para desembotellar unas veredas con potencial agropecuario[51].

A la incapacidad funcional del presidente Barco para imponer la autoridad y establecer parámetros concretos de una estrategia integral para contrarrestar las acciones de las Farc, se sumó el crecimiento del poder económico y político de los narcotraficantes en los departamentos de Valle y Antioquía, hasta el extremo de que los cárteles de Cali y Medellín desataron arremetidas de *guerra a muerte,* después de abrir extensas rutas de alucinógenos en España, Panamá, México, Cuba y Estados Unidos.

Por su lado, los grupos de justicia privada incrementaron los asesinatos de las cabezas visibles de la Unión Patriótica, acusadas como en efecto eran, de ser militantes o activistas de las Farc, o por haber engañado a los capos del narcotráfico en oscuras transacciones de droga por dinero o armas y viceversa.

Impotente para cumplir el mandato legal, el gobierno de Virgilio Barco fue sacudido por el narcoterrorismo. Por acción directa de los cárteles de las drogas, tres candidatos presidenciales fueron asesinados en plena campaña para escoger su sucesor. Además, la violencia desaforada se cobró la vida de Antonio Roldán Betancourt gobernador del Departamento de Antioquía y del coronel Franklin Quintero, comandante de Policía en esa zona de paso, la de Carlos Mauro Hoyos, Procurador General de la nación y la del ex-ministro de

---

[51] Por otra parte, directrices internas impusieron al Ejército la prioridad de combatir la guerrilla en el campo militar y al narcotráfico como segunda opción, pues esto era labor de la Policía Nacional.

Justicia Enrique Low Murtra, además de un atentado con arma de fuego en las calles de la capital de Austria contra el ex-ministro Enrique Parejo González[52].

Para enredar más el asunto y revertir más al estamento militar contra la dirección política, el presidente Barco llamó a *calificar servicios* al ministro de Defensa, general Rafael Zamudio Molina, después que el oficial, indignado por el erróneo manejo dado a los asuntos de seguridad nacional por parte del primer manadatario, expresara explosivas declaraciones al finalizar la ceremonia religiosa del sepelio de uno de los tantos integrantes del Ejército colombiano, caídos en defensa de las mal dirigidas instituciones políticas colombianas.

A la par que las sucesivas crisis en las relaciones entre el mando militar y el presidente Barco, terció en escena con fines publicitarios, como si fuera una *rueda suelta* en el esquema de mando de la Fuerza Pública, el brigadier general de la Policía Nacional Miguel Maza Márquez, quien aparentaba librar una guerra particular o personal contra los *barones de las drogas*. Tropicalismo *macondiano* en su máxima expresión.

Zamudio Molina fue remplazado por el general Manuel Jaime Guerrero Paz, quien permaneció poco tiempo en el cargo, pues, en menos de un año, fue sucedido por el general Oscar Botero Restrepo, hombre parco con mucha habilidad para las relaciones públicas, conciliador y mesurado, pero con escasa ascendencia sobre las tropas y relativa formulación de criterios operacionales tácticos o estratégicos determinantes. Su paso por los cargos de alto mando estuvo cargado de formalismo.

Total: ni el presidente Virgilio Barco ni la llamada *cúpula militar* de turno produjeron estrategias claras e integrales de lo político con lo

---

[52] Ocurrieron otros hechos como el lamentable secuestro y asesinato de la periodista Diana Turbay y el controvertido secuestro y posterior liberación de Andrés Pastrana Arango, candidato a la alcaldía de Bogotá.

militar para combatir la guerrilla, en especial los planes a largo y mediano plazo de las Farc, debido a la cantidad de cambios en el Ministerio de Defensa y los comandos de cada una de las fuerzas militares, así como el evidente desconocimiento o quizás menosprecio por las capacidades enemigas, al concebir la guerrilla que ya empezaba a ser rica y con nexos en el exterior, como simples bandidos, cuatreros y delincuentes sin norte político.

El entonces brigadier, general Harold Bedoya Pizarro, para la época comandante de la Séptima Brigada con sede en Villavicencio-Meta, *puso el dedo en la llaga* y, mediante contundentes operaciones ofensivas, expulsó las Farc de los selváticos alrededores de San José del Guaviare, desarticuló el primer enclave del *bloque oriental* cerca de la serranía de La Macarena, y denunció ante los medios de comunicación que las guerrillas dirigidas por *Tirofijo*[53], constituían el *tercer y más peligroso cártel de narcotraficantes*, con fuertes puntos de contacto en el exterior.

Dos años después, desde el comando de la Cuarta Brigada en Medellín, Bedoya libró otra titánica batalla contra el narcotráfico y contra Pablo Escobar en particular. Lo preocupante de esa situación es que no preexistía una estrategia estatal para combatir el fenómeno narcoterrorista, sino que aparecía como la lucha personal del general Bedoya y otros oficiales contra las dos organizaciones de delincuentes, acercados o repelidos entre sí por intereses económicos unos, y políticos con nexos internacionales los otros.

Ni siquiera dentro del alto mando militar de la época, se destilaba igual dinamismo para actuar contra ese agente generador de violencia, pues las directrices internas determinaban que el narcotráfico era asunto policial, pero en la realidad, por falta de medios e inexperiencia operacional, la policía no iba a combatir dicho flagelo en zonas rurales, selváticas e inhóspitas.

---

[53] Manuel Marulanda, jefe de las Farc.

Otra circunstancia que facilitó el crecimiento de las Farc y su fortalecimiento como cártel de las drogas, sobrevino cuando el M-19 jugó el todo por el todo, con el autodenominado *batallón América*, constituido por guerrilleros provenientes de Ecuador, Perú, Bolivia, Argentina y Chile, acantonados al sur de Cali, cuyas osadas acciones en varios municipios de los departamentos de Cauca, Nariño, Valle, Tolima, Huila y Antioquia, concentraron la atención de las fuerzas militares en atender prioridades diferentes a combatir contra las Farc, e impedir su intención estratégica financiada con el narcotráfico, el secuestro, la extorsión y los réditos de inversiones en negocios legales.

A lo anterior se suman los intensos y egoístas debates políticos promovidos por el entonces representante a la Cámara, César Gaviria Trujillo, en una impresionante *cacería de brujas*, tendente a responsabilizar al Ejército, en particular al general Jesús Armando Arias Cabrales, de los luctuosos hechos del Palacio de Justicia. En conclusión: el enredo político del ineficaz Estado colombiano fue descomunal durante este periodo presidencial. Así, las Farc ganaron espacio operacional gracias al río revuelto.

Las espectaculares, inusitadas y sangrientas acciones del M-19, viraron el centro de gravedad operacional del Ejército. El esfuerzo principal se concentró en el Departamento de Cauca hasta la fecha en que ocurrió el vergonzoso episodio, cuando los guerrilleros estaban rodeados en un campamento en Los Robles, pero por intercesión del embajador colombiano en Londres, fue detenida una operación militar en curso, que sin lugar a dudas, concluía en la eventual destrucción del grupo terrorista.

Por la misma época, José Fedor Rey, alias *Javier Delgado*, hombre de confianza de Jacobo Arenas y gestor de las finanzas del cártel de las Farc en el ámbito nacional, escapó de Uribe-Meta, con una gruesa suma de dinero en dólares obtenidos del narcotráfico, recursos con los que fundó una disidencia de las Farc, llamada *el frente Ricardo*

Franco, cuadrilla en la que, acompañado por Hernando Pizarro Leongómez, hermano de Carlos el cabecilla del M-19, perpetró el horripilante asesinato de 164 guerrilleros acusados de haber sido infiltrados por el Ejército. La búsqueda del obsesivo criminal, los combates contra el M-19 y el Quintín Lame de tendencia indigenista, mantuvieron ocupado al Ejército en esa zona del país.

Entre tanto el Eln, favorecido a largo plazo desde 1974 por la torpeza estratégica del ex-presidente Alfonso López Michelsen, auspiciado por una amplia línea clandestina de sacerdotes católicos incursos en la teología de la liberación, apoyada por Eta de España y algunos religiosos alemanes, y fortalecido con más de cincuenta millones de dólares, que bajo presión armada les suministrara la empresa petrolera Manessman en el departamento de Arauca, resurgió de las cenizas de la *Operación Anorí*, para efectuar presencia geográfica e incursiones armadas en Arauca, Antioquia, Santanderes[54], Bolívar, César y Magdalena[55].

Por otro lado, las *autodefensas campesinas*, ahora convertidas en ilegales con el manipulado mote de *paramilitares*, se apoderaron del departamento de Córdoba y el Urabá antioqueño, en la zona donde la recién creada Brigada Móvil Nº 1, apabulló los reductos del Epl[56] hasta forzarlos a la rendición y la especie de *asilo político* brindada por las Farc a Francisco Caraballo, cabecilla de ese grupo. Ante la comisión de varias masacres a manos de las Farc y de los paramilitares, fue necesario crear en el Urabá una zona de *operaciones especiales* de carácter cívico-militar, en la que rotaron los generales Hernán Guzmán

---

[54] Departamentos de Santander y Norte de Santander.

[55] En 1973, el Ejército colombiano aniquiló al Eln, pero mediante un acto politiquero aún sin juzgar por la historia, el entonces presidente Alfonso López Michelsen los sacó del encierro, con la consecuente resurrección del grupo terrorista. **Cóndor en el aire** de mi autoría, autoedición 1999. Tercer Mundo. Bogotá Colombia.

[56] Ejército popular de liberación líneas pro-china y pro-albana.

Rodríguez, Jesús Arias Cabrales, Ramón Gil Bermúdez y Adolfo Clavijo Ardila, sin recursos ni autonomía.

Producto de ese resumido cuadro de acontecimientos, es fácil concluir que el presidente Barco dio *pasos de ciego* y actuó de manera incoherente, sin previsión ni preparación para dirigir la defensa nacional, ni mucho menos intuir que, con el dinero del narcotráfico, las guerrillas de las Farc ya tenían contactos políticos en Europa y nexos con Eta e Ira. En contraste, los agentes generadores de violencia aprovechan muy bien la coyuntura del desorden para crecer, fortalecerse y utilizar los dineros del narcotráfico para continuar la guerra venidera.

El presidente César Gaviria (1990-1994) marcó la pauta en las acciones politicas para manejar las siempre difíciles relaciones del ejecutivo con el mando militar y por ende la conducción de la guerra. Su debut fue sorprendente, pero reconfirmó la inveterada prevención del estamento civil colombiano frente al alto mando, alimentada a veces por presunciones y a veces por antipatías personales.

Recién elegido presidente de los colombianos y antes de posesionarse en el cargo, Gaviria intrigó ante el gobierno Barco para que fueran llamados a *calificar servicios* los generales Nelson Mejía Henao, comandante de las Fuerzas Militares, y Jesús Arias Cabrales, comandante del Ejército. A partir de ese momento, hizo metástasis un vacío de liderazgo dentro del Ejército, fenómeno que venía en ascenso desde la tempestuosa salida del general Landazábal.

Gaviria mantuvo durante casi un año el cargo de Ministro de Defensa, al general Oscar Botero Restrepo, quien venía de la administración anterior, y ubicó en el comando de las Fuerzas Militares al general Luis Roca Michel, que padeció una trombosis cerebral en ejercicio de sus funciones, pero para sorpresa del país entero, en una inesperada noticia cargada de populismo, escudada en la acomodada premisa de la supremacía del poder civil sobre la autoridad militar, Gaviria relevó del cargo al general Oscar Botero y nombró como

Ministro de Defensa a Rafael Pardo Rueda, persona neófita en los delicados temas de la seguridad nacional o manejo de altos asuntos del Estado.

Obnubilado con el lustre del cargo, Pardo Rueda llenó las oficinas del Ministerio de Defensa con *estrategas de escritorio*, desconocedores del funcionamiento administrativo de las dependencias y desde luego el operativo de las fuerzas militares, plagados del vicio de la *reformitis*; entraron a cambiar todo lo que había y lo que desconocían, sin ocuparse en diseñar estrategias claras para contener la agresión guerrillera, pero en especial para evitar el crecimiento de la capacidad bélica del *cártel de las Farc,* los nexos de la guerrilla colombiana con terroristas narcotraficantes y el comercio ilegal de armas en el mundo.

No lo hicieron solo por desconocimiento, sino también porque, entre los *funcionarios gaviristas,* primaba el interés de explotar a favor de los grupos afines las mieles de burocracia en el único ministerio que faltaba por quedar en manos de los *políticos* tradicionales que han llevado al país a la encrucijada.

Los jugosos contratos del Ministerio de Defensa eran y son un atractivo plato para cualquier *politiquero* colombiano con poder decisorio. Prueba de ello fue lo ocurrido años más tarde con el ruidoso retiro de la Ministra de Defensa, Martha Lucía Ramírez, empeñada en una lucha personal con el general Jorge Mora Rangel por imponer quién hacía los contratos de avituallamiento para las tropas, y no por consolidar y dirigir mancomunadamente la estrategia integral contra las Farc, episodio en que, por sus actuaciones, se deduce que ambos funcionarios ambicionaban más el control personal sobre la compra de víveres que derrotar al enemigo.

Producto de la improvisación de César Gaviria, aparecieron en escena graves problemas acumulados desde gobiernos anteriores. El ataque a *casa verde*, fortín simbólico de la presencia real de las Farc en la vida colombiana, comprobó que *Tirofijo* tenía acceso a excelentes fuentes de información, que le advirtieron de las intenciones del gobierno, y por tanto huyó de allí sano y salvo, acompañado por todos sus asesores directos.

Casi dos años después, Pablo Escobar escapó de la inexistente cárcel, fuga autorizada por el presidente Gaviria. Los supuestos diálogos de paz realizados en Cravo Norte-Arauca, Caracas-Venezuela y Tlaxcala-México, solo sirvieron para comprobar que igual que los demás mandatarios del lapso analizado, Gaviria llegó al poder sin tener visualizado o definido algún plan de paz ni mucho menos de guerra, debilidad característica de casi todos los gobernantes de Colombia.

Durante el gobierno Gaviria surgieron más roces entre la administración civil y la cúpula militar, que demostraron la prevención del presidente hacia las Fuerzas Militares, y por tanto terminaron con los abruptos llamamientos a *calificar servicios* del segundo comandante de la Fuerza Aérea y los generales del Ejército Manuel Murillo González, Farouk Yanine Díaz y Gustavo Pardo Ariza, por los bochornosos hechos de la *cárcel-lupanar* La Catedral, en respuesta a la vergonzosa fuga del capo Pablo Escobar.

Recibió el cargo de Comandante General de las Fuerzas Militares el general Ramón Emilio Gil Bermúdez, hombre inteligente pero de perfil bajo y poca ascendencia entre los subalternos, cuya ejecutoria fue intrascendente, para encabezar alguna ofensiva concreta contra la agresión, debido a la prepotencia de los ensoberbecidos *estrategas civiles de escritorio,* que secundaban a Pardo Rueda quienes, a la luz de la lógica, opacaron la actitud ofensiva del Ejército.

Al explotar a su favor el trillado argumento de la mano tendida del gobierno, las Farc, dedicadas de lleno al narcotráfico, manipularon la ilusa visión del advenedizo ministro de defensa civil, que creía que los guerrilleros se desmovilizarían o dialogarían para el desarme, porque él estaba al mando de las Fuerzas Militares.

Para demostrar el poderío adquirido y la importancia de los dineros recibidos del narcotráfico, las Farc despidieron en 1994 al débil y descoordinado gobierno Gaviria con una arremetida de terror que alcanzó las goteras de Bogotá y dejó al desnudo el crecimiento calculado y sistemático de la organización armada, acorde con un plan metódico para rodear la capital de la República, mediante un *anillamiento* sostenido por corredores estratégicos de movilidad, dirigidos desde las áreas base, hasta las capitales departamentales.

Alistamiento para realizar el ataque terrorista contra algún poblado desprotegido. Mientras la joven guerrillera transporta en un costal el explosivo Anfo utilizado por Eta, Ira y los extremistas islámicos, los otros dos terroristas llevan a cuestas los cilindros de gas de 100 libras, que utilizan en forma de tubos de morteros irregulares. Las enormes granadas de tipo artesanal que constituyen la artillería guerrillera son reforzadas con metralla y excrementos humanos para causar mas daño a las víctimas. Un cilindro de estos fue lanzado contra la iglesia de Bojaya-Chocó, donde las Farc asesinaron a más de 120 inermes campesinos, que se refugiaban en el templo ante un inmisericorde ataque terrorista contra la empobrecida localidad.

Por primera vez la inteligencia militar señaló el *centro de despliegue estratégico de las Farc* sobre la capital colombiana, pero la actitud del ministro Rafael Pardo Rueda, que ya presumía de ser *experto en estrategia militar*, el distanciamiento del presidente Gaviria con la cúpula militar y la limitación funcional del general Gil Bermúdez para transmitir al jefe de Estado, al Congreso y a los medios de comunicación cuál era la dimensión de la agresión, fueron factores decisivos para que los dineros de la coca y la amapola engrosaran las arcas de las Farc, mientras el debilitado presidente Gaviria no pudo generar ninguna estrategia, porque estaba en deuda con el gobierno de los Estados Unidos por la cinematográfica fuga de Pablo Escobar de la Catedral, el desprestigiante apagón y las adversidades de su cuestionada administración.

En ese entorno asumió la presidencia de la República el dirigente político liberal Ernesto Samper Pizano (1994-1998), quizás el presidente más cuestionado y a la vez uno de los más improductivos colombianos que hayan ocupado el solio de Bolívar.

Acusado con serias evidencias, porque su costosa campaña presidencial fue subvencionada con dineros del narcotráfico procedentes del cártel de Cali, organización delictiva que para colmo de males en ese momento tenía nexos con las Farc y amplísimas ramificaciones en Estados Unidos y España, Samper Pizano se pasó los cuatro años de su gobierno defendiéndose de todos los ataques que le hacían desde diferentes vertientes, hasta el vergonzoso extremo que el gobierno de Estados Unidos le suspendió el visado de entrada a ese país, y que Colombia fue llamada una *narco-democracia*, descertificada dos veces por el Departamento de Estado del coloso del norte.

Ernesto Samper Pizano fue incapaz de dirigir la estrategia integral para combatir la agresión subversiva, primero porque desconocía la estrategia del adversario, y segundo porque su presencia en el cargo fue vista con recelo y hasta desprecio por todo el estamento militar, amén de que el abogado Fernando Botero Zea, primer ministro de Defensa de su administración, se vio obligado a renunciar y luego ser encarcelado por enriquecimiento ilícito con dineros de la campaña

Samper Presidente, e incluso se rumorea con los aportes recibidos del narcotráfico[57].

Luego el general Harold Bedoya Pizarro, para la época Comandante General de las Fuerzas Militares, se opuso con tenacidad al nombramiento y posesión del liberal caucano Guillermo Alberto González como Ministro de Defensa, porque el desconocido político payanés tenía presuntos nexos con el narcotráfico. Antes, el general Bedoya se había opuesto con vehemencia al despeje militar de la zona de Uribe-Meta para reiniciar diálogos de paz con las Farc.

En ese entorno, el Ministerio de Defensa fue asumido por el jurista liberal Juan Carlos Esguerra Portocarrero, cuyo don de gentes catalizó las ásperas relaciones del gobierno Samper con el mando militar, pero no fructificó ninguna estrategia coherente a largo plazo, para derrotar la subversión.

Sin concretar ningún plan de guerra respaldado por obras de beneficio social, Esguerra salió del ministerio y fue relevado por el dirigente político antioqueño Gilberto Echeverri Mejía, cuyo paso por la cartera de Defensa fue similar al de sus antecesores[58] y sucesores, es decir, fue improductivo en asuntos de estrategia integral a largo plazo.

El Estado colombiano continuó sin planes de guerra o de paz sostenidos en el tiempo, mientras que a la par con un intenso trabajo de propaganda en Europa, Suramérica y México, las Farc prosiguieron el desarrollo del plan integral, además de fortalecer la retaguardia estratégica en el sur-oriente del país, avanzaron en la construcción de los corredores estratégicos hacia la capital de la República, y

---

[57] El general Ricardo Cifuentes Ordóñez renunció al cargo de Comandante de la Segunda División y afirmó en público que el presidente Samper no merecía *ni respaldo ni respeto*. En los cusrteles algunos oficiales se referían con tal desprecio hacia el presidente Samper, como si fuera un narcotraficante más.

[58] Asesinado en mayo de 2003 por una cuadrilla de las Farc, que lo secuestró en Caicedo (Antioquia).

crearon nuevos frentes de guerra en Antioquia, Valle, el Eje Cafetero, Cundinamarca, la Costa Atlántica, y toda la Orinoquia.

Durante todo este periodo, el Ejército colombiano encaminó la acción militar con altas dosis de valor en combate, pero sin que hubiera coherencia estratégica con la ambigua intencionalidad política de los gobernantes de turno, que nunca tomaron decisiones claras y concretas, sino que implementaron soluciones de aguas tibias y discursos *politicos* para combatir a un enemigo que pretendía suplantarlos, pero los agredidos daban la sensación de no entenderlo, no creerlo o hacer la *vista gorda*.

Por primera vez los *violentólogos* hablaron del *empate estratégico* (*de sumatoria cero*), pero nadie abarcó el tema de la incidencia de la droga en la guerra y en la creciente articulación del triángulo letal, mucho menos de los nexos internacionales con terroristas europeos o islámicos.

Fortalecidas con los dineros de la coca, poseídas de amplio dominio territorial y visión geopolítica concisa, las Farc asentaron estructuras clandestinas en el sur-oriente del país, constituyeron bloques guerrilleros en las selvas del Amazonas y la Orinoquia para controlar mediante la fuerza lo que los geógrafos denominan la *Colombia de futuro*.

En menos de un lustro, las Farc propiciaron los más rudos golpes contra las Fuerzas Militares en San Juanito-Meta, Las Delicias-Putumayo, Puerres-Nariño, San Juanito-Meta, El Billar-Caquetá, La Carpa y Miraflores-Guaviare y otros contundentes ataques sorpresivos que sensibilizaron la opinión pública, ante la evidencia de una guerrilla disciplinada, entrenada por mercenarios, con capacidad de combatir en diversos sectores geográficos como *unidad fundamental de infantería ligera*, financiada por el narcotráfico e imbuida de tesis leninistas.

Con base en evidencias sólidas, el general Harold Bedoya denunció por segunda vez ante el mundo entero que las Farc son un cártel de *narcoterroristas*. En la encrucijada y en la sin salida por el escaso

Barrancabermeja. Otra víctima de la agresividad terrorista ante la ausencia de estrategias claras del Estado colombiano para repeler los programas integrales de la subversión.

margen de maniobra política que tenía, el presidente Samper aceptó a regañadientes, pero nunca compartió la posición del general Bedoya, a quien veía como una *piedra en el zapato*. Por fin llegó el día en que Samper decidió deshacerse del carismático general, admirado y respetado por todo el país.

El *florero de Llorente*[59] fueron las declaraciones del general Bedoya después del espectáculo autorizado por el presidente Samper, organizado por las Farc en Cartagena del Chairá-Caquetá, para liberar sesenta soldados secuestrados un año antes en la base de Las Delicias, sumado a la deslealtad del general Jesús Vergara Aragón con su superior directo, para informar al presidente de qué pensaba el general Bedoya acerca del cuestionado mandatario, y la manifiesta

---

[59] Colombianismo que rememora la coyuntura histórica del grito de independencia el 20 de julio de 1810.

ambición personal del general Manuel Bonett Locarno, quien aparentó ante la opinión pública ser un intelectual de alta estirpe y, mediante intrigas, coadyuvó al abrupto retiro de Bedoya.

Sin conciencia de patria, ni claridad acerca del futuro estratégico de la guerra, el presidente Samper se prestó para la componenda y, por medio de un ruidoso nombramiento, el general Bonett relevó al general Bedoya[60], cargo en el que el complotado pasó sin pena ni gloria.

En resumen, durante el periodo presidencial de Samper hubo cuatro ministros de Defensa y cuatro comandantes generales de las Fuerzas Militares dentro de un ambiente de zozobra, inestabilidad, acusaciones permanentes contra el presidente de tener nexos con los narcotraficantes, presión internacional, descohesión entre el gobierno y las Fuerzas Militares, *pantallazos* permanentes del general Rosso José Serrano, director de la Policía Nacional, fracasos operacionales estruendosos de la fuerza pública y sensación generalizada entre la población civil de que el Estado perdía la guerra, pero sobre todo, menosprecio de un elevado porcentaje de la población colombiana por la figura presidencial y por el presidente Ernesto Samper, quien, para tratar de ganar simpatías, distribuyó parte del erario público entre los congresistas, para que estos hicieran *politiquería,* con fomento del *antiyankismo,* del cual era supuesta víctima.

El general Manuel Bonett Locarno buscó más la figuración personal en asuntos académicos intrascendentes, que ejercer el liderazgo de las tropas. El resultado: las Fuerzas Militares y el gobierno nacional respondieron a los ataques de la guerrilla sin producir una sola estrategia articulada y proyectada en el tiempo, para derrotar a largo plazo a las Farc e impedir su fabuloso enriquecimiento con dineros

---

[60] En calculadas declaraciones de prensa el general Bonett aseveró que los presidentes podían retirar del cargo a los generales *guerreristas*. Los desleales comentarios de Bonett hacia Bedoya cayeron como un jarro de agua fría dentro de las Fuerzas Militares, e incidieron en la moral y el espíritu de cuerpo.

derivados del narcotráfico, ni mucho menos bloquear sus crecientes nexos con terroristas internacionales.

Después de que Bedoya ordenara que en todos los documentos internos se denominara a las Farc como el cártel, durante el comando de Bonett, al parecer por instrucciones presidenciales, se suprimió dicha palabra, con el argumento de que al tildarlos de narcotraficantes y terroristas sería imposible buscar alguna negociación política.

Entretanto llegaron a los campamentos de las Farc más terroristas de Ira y Eta, al mismo tiempo que el frente internacional de las Farc movía hilos y conexiones en España, Suecia, Dinamarca, Francia, Italia, la antigua Unión Soviética, México, Venezuela, Argentina, Ecuador, Perú, Bolivia, Brasil, Panamá, Costa Rica, Nicaragua, Cuba, República Dominicana y las Guyanas.

A las dificultades descritas, se sumaron al gobierno Samper hechos luctuosos que dificultaron más su labor. Sicarios pagados por agitadores profesionales asesinaron al ex candidato presidencial por el Movimiento de Salvación Nacional Álvaro Gómez Hurtado y al general Fernando Landazábal Reyes. Por otra parte las Farc impulsaron las *marchas cocaleras,* y además ocurrió el escándalo del *miti-miti* que le *costó la cabeza* a dos ministros del despacho[61].

En otro escenario más bochornoso aún, Noemí Sanín, actual embajadora de Colombia en España, para la época embajadora en Londres, y el vicepresidente Humberto De La Calle Lombana renunciaron a sus cargos mediante publicitados actos con intencional *tinte politiquero*. Era tal la ingobernabilidad que, en mentideros políticos, se rumoreó un presunto golpe de estado.

Y para rematar el desorden, cual *rueda suelta* con actitudes y comportamientos similares a los del general Miguel Maza Márquez, el

---

[61] Sucia componenda politiquera en la que hubo desviaciones irregulares de fondos públicos.

auto-propagandista de su imagen personal general Rosso José Serrano, director de la Policía Nacional se convirtió en la *estrella* antinarcóticos que opacó al propio presidente Samper, con el ampuloso sobrenombre del *mejor policía del mundo*, debido a las extrañas circunstancias en que ocurrieron capturas de los capos del cártel de Cali, que en ese momento no fueron extraditados a los Estados Unidos.

Total. Samper, ni concibió la paz, ni dirigió la guerra, y mientras tanto el narcotráfico continuó la ascendiente espiral dentro del poder de combate de las Farc. En medio de semejante desorden, los altos funcionarios de gobierno buscaban la propia figuración personal, en desmedro de la estrategia integral para combatir al adversario, que crecía en todos los campos.

Como si no fueran suficientes 16 años continuos, colmados de errores, desaciertos e ignorancia manifiesta acerca de los objetivos nacionales, incoherencia gubernativa, ausencia de estrategias articuladas de estado e innecesarios roces entre autoridades civiles y mandos militares, el pueblo colombiano, hastiado de la violencia, cometió el colectivo error histórico de elegir al candidato conservador Andrés Pastrana para que rigiera los destinos del país.

Sin políticas de paz, ni mucho menos estrategias integrales de guerra, Andrés Pastrana (1998-2002) inició populistas contactos con las Farc, convencido de que engañaría a *Tirofijo,* y que, por medio de actitudes teatrales, engatusaría a los curtidos jefes guerrilleros, que producto de la falta de estrategias integrales de los gobiernos anteriores ya tenían contactos directos con los traficantes de armas rusos, jordanos, sirios y peruanos; en contubernio con el cártel de Tijuana en México, exportaban ingentes cantidades de coca por Centroamérica, Venezuela y Brasil hacia España y los Estados Unidos; desarrollaban programas de diplomacia paralela y controlaban gran parte de la Amazonía y la Orinoquia, donde incluso construyeron carreteras e instauraron peajes.

Cerca del 35 % de los grupos armados ilegales colombianos están integrados por mujeres. La mayoría de ellas son menores de edad. Esto se pudo comprobar en la zona de despeje, concedida por la laxa administración de Andrés Pastrana Arango.

En el ámbito armado, las Farc demostraron ingeniosas innovaciones de guerra artesanal, algunas aprendidas de Ira y Eta, tales como buldózeres artillados y blindados a manera de tanques de guerra, la artillería guerrillera con cilindros de gas cargados de explosivos, coches-bomba, perros-bomba, casas-bomba, burros-bomba, bicicletas-bomba, granadas *che 60*, motobombas en forma de lanzallamas, asaltos masivos de infantería ligera que se confundieron con la guerra de movimientos, *plan pistoleo*, campos minados irregulares, participación en combate de los rombos de milicianos, terrorismo urbano, envenenamiento de acueductos, empleo de municiones con componentes letales, ataques contra bienes protegidos por el derecho internacional humanitario, secuestros masivos de militares y policías; destrucción de municipios e imposición de las llamadas *leyes guerrilleras 002 y 003,* que establecen cuotas extorsivas, a quien posea patrimonio superior a mil millones de pesos colombianos.

A la par que el crecimiento artesanal, las Farc incrementaron·la adquisición de armas de fabricación soviética en el mercado negro, por medio de funcionarios peruanos faltos de escrúpulos y traficantes rusos, ingresadas por diversas rutas clandestinas controladas por Tomás Medina Caracas, alias *el negro Acacio,* cabecilla del frente 16 ubicado en Vichada, con muchas vías de ingreso clandestino, por las selvas que limitan con Brasil y Venezuela.

Acosado por la realidad evidente, el presidente Pastrana suspendió las estultas conversaciones de paz con las Farc, después de casi cuatro años de engaños calculados, en que los guerrilleros utilizaron 42.000 kilómetros de zona despejada de presencia oficial para traficar coca, preparar *mandos medios* para consolidar la línea uniforme de accionar en todas las cuadrillas, esconder secuestrados y gigantescas

En pleno desarrollo de los equívocos diálogos de paz, el 6 de diciembre de 2000, terroristas del noveno frente de las Farc atacaron y destruyeron por completo el otrora pintoresco municipio de Granada Antioquia: los daños materiales fueron calculados en 10.000 millones de pesos, equivalentes a cuatro millones de euros de la época. Archivo E-5, Ejército colombiano.

caletas con dinero; operar aeródromos clandestinos, asesinar civiles no simpatizantes, fortalecer extensas redes del partido comunista clandestino, ganar territorialidad, agredir la moral al mal dirigido Ejército Nacional, y manipular el manejo político y propagandístico de la difusa agenda de conversaciones.

Ansioso por ser nominado al Premio Nóbel de Paz o postulado para la Secretaría General de la Onu, elególatra presidente Andrés Pastrana manejó la situación a su acomodo. Con la venia complaciente de todo el pueblo colombiano, dedicó más del 70 % del tiempo de su mandato a viajar por el exterior del país, en plena campaña electoral, para buscar figuración personal en desmedro del padecimiento colombiano.

Entretanto, el Estado colombiano continuó la prolongada carrera de tumbos, sin claridad conceptual, ni capacidad para neutralizar la estrategia adversaria, sustentada en el poder del dinero del narcotráfico y los contactos con terroristas y traficantes de armas internacionales.

Una vez más, las Farc demostraron llevar la iniciativa estratégica. Mejor dotado en armamento e intendencia, pero sin adecuada conducción militar operativa, bajo el comando de los generales Fernando Tapias Stahelin y Jorge Mora Rangel[62], el Ejército Nacional sufrió las más humillantes y estruendosas derrotas tácticas de toda la historia de la guerra contra las guerrillas comunistas, fracasos operacionales que fueron enmascarados por el alto mando.

---

[62] Ya el general Mora había demostrado su limitada aptitud para comandar tropas. Siendo comandante de la Quinta División, las Farc arrasaron un pelotón de contraguerrillas en San Juanito Meta, debido a su imprevisión para coordinar una maniobra de golpe de mano contra una *caleta*. La solución más fácil fue responsabilizar a los muertos. Pese a un fracaso tan grave, Mora fue ascendido a general de tres soles, nombrado comandante del Ejército y, para colmo de males, el presidente Uribe lo nombró en el cargo de Comandante General de las Fuerzas Militares. Quizás este detalle explique en parte porque la guerra se perpetúa en Colombia.

En Gutiérrez-Cundinamarca, el bloque oriental de las Farc, desapareció un pelotón completo de contraguerrillas cuando el general Mora era comandante directo de esas tropas. En Dabeiba-Urabá Antioqueño, el quinto frente de las Farc arrasó una compañía de contraguerrillas y derribó un helicóptero. En El Dorado-Meta, el frente 26 de las Farc condujo una Brigada Móvil a un señuelo y, mediante una *casa-bomba*, arrasó otra compañía de contraguerrillas. En Coreguaje-Putumayo, el bloque sur de las Farc, reeditó el asalto a la base de las Delicias y arrasó un pelotón.

En abril de 2001 en la base militar de Cerro Tokio, zona rural del Valle del Cauca, las Farc arrasaron una compañía de Infantería de Marina ante la mirada impávida, incapacidad profesional e ineptitud técnica y táctica de los generales Horacio Ruiz Navarro y René Pedraza Peláez, comandantes de la Tercera División y Tercera Brigada, limitados en visión operacional y habilidad estratégica, para evitar el estruendoso fracaso.

En la desorganizada reacción militar contraria a la filosofía institucional, el batallón Pichincha fue emboscado, con más resultados negativos por la falta de capacidad mental e iniciativa táctica de los dos generales mencionados. Sus absurdas decisiones para repeler el sorpresivo ataque de las Farc permitieron a la guerrilla que también sorprendiera al Ejército, después de arrasar la base militar de la Infantería de Marina.

En el suroeste antioqueño, una unidad militar confundió a unos niños con un grupo guerrillero y causó la muerte de varios menores de edad. Por otro lado en el mismo departamento el Eln y las Farc bloquearon varias veces y durante varios días la autopista Medellín-Bogotá, y en otra incursión destruyeron por completo el municipio de Granada-Antioquia.

En otros escenarios sucedieron el criminal ataque contra la iglesia de Bojayá- Chocó, en el que las Farc asesinaron a 130 civiles en el interior de una iglesia, y el posterior asalto a una repetidora del Ejército que costó la vida al comandante del batallón San Mateo.

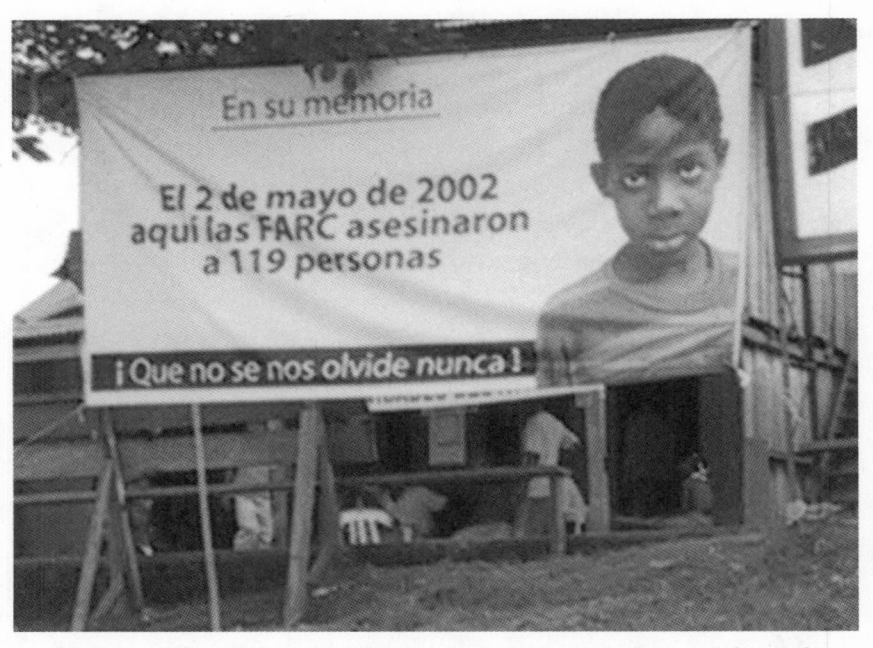

La masacre de 119 humildes labriegos de raza negra dentro del templo católico del olvidado caserío de Bojayá, uno de los municipios del empobrecido y selvático departamento del Chocó, será recordada por la humanidad como el más cruel y demencial ataque terrorista del cártel de las Farc contra la población civil, justificado por los agresores con el argumento de que los terroristas lanzaron los cilindros llenos de explosivos y metralla contra el templo lleno de feligreses porque las autodefensas frecuentaban ese caserío. Archivo E-5 del Ejército.

Asimismo, en otros hechos de sangre, las Farc demostraron poseer la iniciativa estratégica. Grupos de comandos, especializados en sorpresivas operaciones de alta precisión, realizaron tres cinematográficas acciones urbanas, sin que las tropas acantonadas en Cali y Neiva hubieran respondido o anticipado los vergonzosos hechos.

En Neiva, miembros de la cuadrilla Teófilo Forero de las Farc asaltaron el Edificio Miraflores y secuestraron a 15 personas. No obstante la humillante sorpresa ocurriría seis meses después: los mismos *comandos guerrilleros* secuestraron un avión de Aires en el aeropuerto de Neiva, sin que el general Jorge Mora, comandante del Ejército, ni el general Carlos Ospina, director de operaciones de la Fuerza, ni el brigadier, general Gilberto Rocha, comandante de la Novena Brigada, directo responsable del área donde ocurrieron los dos vergonzosos fracasos operacionales, hubieran tenido mínimo asomo de honradez profesional para renunciar a sus cargos por incompetentes, ni que los organismos responsables los hubieran investigado, enjuiciado y responsabilizado por la negligencia manifiesta.

Pero, para resarcir la incapacidad en la dirección estratégica y táctica de la Tercera División al mando del general René Pedraza, en menos de un mes las Farc realizaron dos humillantes incursiones en Cali. En una acción armada digna de llevar al cine, secuestraron a doce diputados de la Asamblea del Valle y los sacaron de la ciudad a plena luz del día. En otra incursión, asesinaron a monseñor Isaías Duarte Cancino cuando salía de un oficio religioso.

Durante el mismo periodo del comando del general Mora en el Ejército, además de incrementar las relaciones con terroristas internacionales de Ira, Eta y Al Qaeda, y traficantes de armas, las Farc secuestraron a la candidata presidencial Ingrid Betancourt, a dos parlamentarios más, al gobernador de Antioquia y al ex ministro de Defensa Gilberto Echeverri Mejía[63].

Al mismo tiempo, las *autodefensas ilegales* incursionaron de lleno en el narcotráfico, incrementaron el poder de combate y aumentaron la desazón en el país, sin que el estado colombiano tuviera una línea conductual de acción integral para contrarrestar la agresión, ni que

---

[63] En una errónea operación militar de rescate realizada a comienzos de mayo de 2003, dirigida por el general Jorge Mora, las Farc asesinaron a los personajes secuestrados.

el Ejército, a pesar del abnegado sacrificio de sus soldados, fuera dirigido con mentalidad estratégica ofensiva.

La débil actitud del presidente Pastrana fue dejar en manos de los negociadores de paz Víctor G. Ricardo y Camilo Gómez, neófitos en asuntos de estrategia, la suerte de un país y la responsabilidad histórica de inducir al grupo guerrillero a desmovilizarse. Como es obvio la intención quedó truncada y las Farc continuaron con el calculado proyecto de enriquecerse con el narcotráfico para construir las redes clandestinas del movimiento bolivariano, preparar la insurrección generalizada en las grandes ciudades, mientras el llamado frente internacional guerrillero incrementaba contactos con terroristas internacionales y redes de narcotraficantes.

Durante la administración Pastrana hubo demasiada diplomacia de micrófono, con la cual se pretendía derrotar a las Farc en los estrados periodísticos y no en el campo de combate. Mediante una acción teatral, la mayoría de los generales de las Fuerzas Militares solicitó el simbólico retiro de servicio activo, el mismo día que el presidente Pastrana cambió al ministro de Defensa Rodrigo Lloreda Caicedo, quien después de usufructuar las mieles de la burocracia, de un momento a otro y de forma inesperada, manifestó estar en desacuerdo con la política de paz del primer mandatario.

Después del amague más publicitario que intencional, el presidente Pastrana reunió a todos los generales y almirantes en la base militar de Tolemaida y todo quedó como si nada. La supuesta rebelión fue sofocada. Y ahí paró todo. Tanto la actitud del ministro Lloreda, como la supuesta renuncia masiva de generales y la respuesta del presidente Pastrana fueron tres acciones oportunistas y politiqueras. La única perdedora fue Colombia.

Sobrevinieron otros episodios en los que el general Mora exteriorizó bravuconadas que merecían su retiro por abierta contradicción con el primer mandatario, quien se hizo el desentendido, pero lo cierto es que, ni en el ámbito político ni en el orden militar, el gobierno nacional tenía diseñadas estrategias concretas para derrotar o por lo menos contrarrestar la estrategia integral de las Farc. Muchas veces, se mencionó el supuesto plan B en caso de que los diálogos no funcionaran, lo cual no dejó de ser una ilusión quimérica.

Prueba de ello es que cuando el presidente Pastrana hizo el teatral anuncio de declarar terminados los diálogos, las Farc se retiraron en orden táctico de las áreas urbanas de la zona de distensión, sin que la ofensiva posterior hubiera producido resultados trascendentales ni hubiera desalojado de allí a los guerrilleros.

Durante la ambigua administración Pastrana, el Ejército Nacional aumentó el pie de fuerza de soldados profesionales e incrementó los beneficios sociales para ellos. Asimismo recibió mayor apoyo financiero con el Plan Colombia para dotar una brigada contra el narcotráfico, siete brigadas móviles, nuevos batallones de contraguerrillas con la disminución acelerada de soldados regulares y bachilleres en los cuarteles. Al mismo tiempo aumentó un grado más en la escala de la carrera de suboficiales y estableció la facultad discrecional para retirar, sin ninguna explicación, personal de todos los grados.

Todas esas medidas fueron denominadas *el cambio estratégico* de la institución armada, pero en la práctica dichos cambios no alteraron el aparente equilibrio estratégico de la guerra que existe en la última década, sustentado con el cuestionable argumento, que ni el Ejército puede derrotar a la guerrilla, ni que esta vaya a tomar el poder.

Otra realidad incuestionable es que en la medida en que se fortaleció *el cártel de las Farc* se degradó el conflicto. Cuando estaban integradas por 800 hombres armados con apenas 350 fusiles, 100 carabinas, 500 revólveres y pistolas, las acciones armadas del grupo terrorista apuntaban a secuestros de propietarios de fincas, ataques menores contra patrullas militares, golpes de mano y eventuales *acciones de comando* contra los poblados.

Pero cuando tuvieron acceso a redes delictivas internacionales, 22.000 hombres en armas y mas de 30.000 fusiles listos para apertrechar más guerrilleros, las Farc degradaron el conflicto, al verse inmersos en actos de barbarie, sadismo, terrorismo y morbosidad criminal. El dinero del narcotráfico, así como los contactos con Eta, Ira y Al Qaeda, sumado a la debilidad gubernamental de Pastrana además de la limitada concepción estratégica de los generales Tapias y Mora para orientar las Fuerzas Militares de manera adecuada, cegó a las Farc hasta encajonarlos dentro de la óptica terrorista de ganar la guerra, por medio de la intimidación contra la población civil, a la que en contradicción dicen defender.

Otra arista surgida de tal contrasentido es la ambigüedad tanto interna como externa para catalogar a las Farc dentro de grupos precisos. Los cinco presidentes que gobernaron Colombia entre 1982-2002 fueron variables para definirlas, tanto que los calificativos de insurgencia política o la estigmatización de *bandoleros* o terroristas giró en torno a los altibajos de las negociaciones de paz o a los actos paulatinos de creciente degradación del conflicto, que aún nadie se ha atrevido a denominar guerra a secas.

Y desde luego la comunidad internacional también fue ambigua. Francia por ejemplo no ha querido acusarlos como terroristas. Por eso, cada vez que las Farc juegan a engañar al mundo entero con artificiosos ofrecimientos de paz, los embajadores franceses en Bogotá asumen un estulto papel publicitario, para hacer el juego a los intereses estratégicos de la guerrilla. El despliegue periodístico realizado en Europa por el secuestro de la fogosa ex-candidata presidencial Ingrid Betancourt corrobora esa afirmación.

Similar inconsistencia han tenido los organismos internacionales y los gobiernos de otros países. Pese a las evidencias, mediante apreciaciones subjetivas y más bien acomodaticias, los Estados Unidos se habían abstenido de definir a las Farc como un cártel del narcotráfico pero, ocurridos los ataques del 11 de septiembre de 2001 contra las *Torres Gemelas* en Nueva York, los conceptos variaron y ahora son los primeros en señalarlas como terroristas y narcotraficantes, pero con la circunstancia agravante de que aún hay sectores demócratas de ese país que dudan en reconocerlo, igual que sucede en Europa.

En otro escenario, las autoridades españolas han sido parcas en el combate contra el narcotráfico que sustenta a las Farc y a Eta, sin que necesariamente quienes venden los alucinógenos al por menor en las calles españolas sean miembros o simpatizantes de los dos grupos terroristas. En ese orden de ideas, es muy poco lo que se ha hecho para combatir los nexos de Eta y Al Qaeda con las Farc y con las drogas ilícitas.

Entretanto la Onu, la Oea, la Comunidad Andina, Mercosur, la Unión Europea, etc. han tratado de manejar el tema con tacto, pero no han sentado precedentes concretos al respecto. Por razones obvias tal dicotomía ha facilitado la supervivencia de las Farc, financiadas con enormes ingresos del narcotráfico y la cercanía de Eta con Al Qaeda.

Terminado el segundo año de la administración Uribe (2002-2006), la situación táctica y del poder relativo de combate ha recibido algunos cambios importantes, tales como los golpes causados por el Ejército, por ejemplo las capturas de Simón Trinidad y Sonia, o las bajas en combate de algunos cabecillas, pero en la práctica las Farc continúan con 22.000 hombres armados y entrenados para la guerra de guerrillas.

Conscientes del riesgo de perder el grueso de las unidades guerrilleras en caso de aceptar combates frontales, las Farc optaron por jugar con el tiempo contra la mentalidad ofensiva impuesta por el presidente Álvaro Uribe, mientras que los *maseros*[64] dedican grandes esfuerzos a fortalecer el partido comunista clandestino, reclutar personas para aumentar la cobertura de las milicias bolivarianas y aumentar el poder relativo de combate, en las selvas del sur-oriente

---

[64] Guerrilleros encargados de la difusión entre las masas del lineamiento político de las Farc.

del país, donde se desató la gigantesca Operación Patriota, contra el secretariado de las Farc y su retaguardia estratégica.

CUBA, SEDE SOCIAL DEL TRIÁNGULO LETAL

DE MANERA HABILIDOSA PARA BUSCAR QUE WASHINGTON *muerda el anzuelo* y permita espacio vital en la política internacional, entre 1990 y 2004, la dictadura cubana ha respondido a las acusaciones de servir de puente para el narcotráfico hacia el primer mundo, por medio de llamamientos para establecer estrechos vínculos policiales con Estados Unidos, con el calculado argumento de que la muestra fehaciente del combate frontal contra quienes son acusados de narcotráfico es que pueden ser ejecutados como ocurrió con el general Sánchez Ochoa y el coronel Tony La Guardia, en 1989.

Consecuentes con esa estratagema hecha pública por primera vez en 1993, cinco meses después que *The Miami Herald* informara que fiscales federales consideraban la posibilidad de encausar a Raúl Castro, ministro de las Fuerzas Armadas de Cuba, el gobierno isleño entregó a las autoridades norteamericanas a dos contrabandistas que entraron en aguas cubanas cuando su lancha rápida era perseguida por un helicóptero del Ejército estadounidense.

A pesar de la pretendida limpieza moral del dictador caribeño, las autoridades colombianas y no las cubanas, denunciaron otro episodio del narcotráfico que afecta a las relaciones entre Estados Unidos y Cuba el 3 de diciembre de 1998, cuando cayó un cargamento de cocaína embarcado en Cartagena con supuesto destino a la firma Artesanía Caribeña Poliplast & Royo ubicada en La Habana, propiedad del gobierno cubano.

Con el descaro característico, Fidel Castro fue el primero en calificar la captura como un incidente grave y con implicaciones para el futuro de las relaciones entre Estados Unidos y Cuba. Un mes después Castro acusó a dos empresarios españoles asociados con la firma cubana de ser narcotraficantes y *lavadores de dinero*. Los dos empresarios alegaron su inocencia y aclararon que ellos tenían una empresa de artesanías en la isla, debido al bajo costo de la mano de obra, e insistieron en que desconocían el embarque, que por razones obvias sería revisado por las autoridades aduaneras cubanas, entrenadas para el efecto por los servicios de inteligencia británicos.

Con una típica *lavada de manos,* Castro insistió en que los empresarios españoles trataban de introducir drogas en España con el argumento baladí:

—¿Cómo la iban a llevar a Estados Unidos si no hay absolutamente ninguna vía naval que conduzca de Cuba a Estados Unidos?

El Congreso de Estados Unidos tiene muchas pruebas para demostrar los nexos de Fidel Castro con el narcoterrorismo internacional.

Investigadores contratados por congresistas norteamericanos concluyeron que la respuesta a la audaz pregunta de Castro estaba en que, en apariencia, la cocaína iba a ser introducida en Estados Unidos vía México, o que tal vez fuese enviada a España, pero con el consentimiento de funcionarios de la isla comprometidos en el negocio, desde luego con el visto bueno del gobierno central. En ambos casos la guerrilla *zapatista* y los cárteles de Tijuana, Monterrey y Juárez jugarían un papel predominante para el transporte de los alijos hacia el Primer Mundo.

La conclusión se deriva de constantes casos de capturas de mexicanos o del descubrimiento de la relación de ciudadanos de ese país con casos de narcotráfico en España, que indican que la coca sale de Colombia, Perú o Bolivia vía Centroamérica-México, por medio de exguerrilleros guatemaltecos y salvadoreños, que la entregan en Chiapas a los *zapatistas* y estos la envían a España o al lejano oriente por el océano Pacífico, por medio del cártel de Tijuana, que está demostrado que tiene nexos con las Farc.

Otros enlaces de los *zapatistas* y el gobierno cubano son algunos sacerdotes difusores de la teología de la liberación, insertos de manera clandestina en la iglesia católica, con fuertes contactos en Brasil, Paraguay, El Salvador, Guatemala, México, Alemania y España. Pero además, el idioma español es una ventaja y una necesidad para los narcotraficantes, que trabajan con las Farc en Latinoamérica, España y los Estados Unidos.

La clasificación de *Estado terrorista* fue impuesta a Cuba por Estados Unidos desde 1993 aunque, desde la década de los 70, otros países también acusaron a Castro de fomentar el terrorismo, cuando provocó una crisis con el gobierno francés por patrocinar asesinatos cometidos por el venezolano Carlos el *Chacal*, crisis que originó la expulsión de varios diplomáticos del régimen castrista de París.

De la misma forma, Fidel Castro brindó apoyo incondicional a los grupos terroristas, que durante décadas desestabilizaron la región iberoamericana, como sucedió en Perú con Sendero Luminoso, en Chile con el Frente Manuel Rodríguez, en Guatemala con la URG y aún lo hace con el Eln en Colombia.

Otro hecho que demuestra la relación directa del gobierno cubano con delincuentes internacionales ocurrió a mediados del año 2000, cuando las autoridades británicas detuvieron en Islas Caimán a tres narcotraficantes afganos procedentes de Cuba, identificados con falsos pasaportes pakistaníes, cuando pretendían depositar dos millones de dólares en un banco local, producto de una fraudulenta transacción de drogas realizada con funcionarios oficiales cubanos.

Pero los antecedentes son antiguos. A comienzos de 1982, el diario *El Tiempo* de Bogotá publicó una crónica que por su contenido se convirtió en una verdadera *bomba periodística*:

—Fuentes de la Dea dijeron que el hermano del presidente cubano Fidel Castro[65], Raúl, ministro de las Fuerzas Armadas de Cuba, hizo un trato con Jaime Guillot Lara, de 35 años, acusado de ser traficante de armas.

—Probamos que el M-19 utiliza a los narcotraficantes para derrocar al gobierno colombiano, que los cubanos los proveen de armas y que el individuo instruido de cargos iría a ser primer ministro—. dijo Avelino Fernández, agente de la Dea.

Más adelante anotó el agente federal:

—Guillot, Gonzalo Benzol, un diplomático cubano y el chófer de Benzol, identificado como el jefe de demoliciones de

---

[65] De manera curiosa los medios de comunicación se refieren al presidente Fidel Castro y al dictador Augusto Pinochet.

las fuerzas cubanas en Angola, fueron a Nicaragua el año pasado y se reunieron con Fidel Castro. Poco después, el barco de Guillot llevó 200 toneladas de armas a los guerrilleros colombianos.

Para la época en que ocurrieron tales hechos, el régimen dictatorial de la isla entrenó dos columnas terroristas del M-19, que entraron a Colombia por los departamentos del Chocó y el Putumayo, con el afán de *liberar* esas zonas y construir un fuerte emporio cocalero, que les permitiera financiar la guerra planeada desde las selvas hacia la capital de la República, progresión estratégica, copiada y desarrollada en forma sistemática por las Farc durante dos décadas.

El 16 de marzo de 1982 el diario *El Espectador* de Bogotá agregó nuevas luces a la escandalosa revelación:

—...Funcionarios de inteligencia militar cubana arreglaron un encuentro entre miembros del M-19 y representantes de otras dos organizaciones extremistas colombianas, el Eln y las Farc. Además de las armas, se ha informado que Guillot transfirió fondos a las guerrillas por medio de un empleado de un banco panameño.

—Guillot mantenía contacto además con la misión diplomática cubana en Bogotá, incluido al embajador. A cambio de los servicios de Guillot, los cubanos facilitaron a la banda de narcotraficantes el permiso para que barcos nodrizas portadores de marihuana se refugiaran en aguas cubanas, mientras esperaban embarcaciones menores para trasladarla a Las Bahamas y Florida.

A mediados de mayo de 1982, cuando el panorama político colombiano centraba las expectativas sobre los resultados de la campaña presidencial, aparecieron en los medios de comunicación nuevos detalles acerca de las conexiones entre las organizaciones de narcotraficantes y la dictadura cubana, encaminados a concretar la consecución de cargamentos de armas destinados a los movimientos guerrilleros que para la época delinquían en Latinoamérica.

De nuevo, *El Espectador* agregó mas datos de interés:

> —Los informes, dados a conocer en relación con el mafioso preso en México, indican que este solía reunirse en Managua con Raúl Castro, y que había alcanzado tanta importancia en sus actividades clandestinas, que se le había hecho el ofrecimiento de un ministerio, en caso de que el movimiento guerrillero tuviera éxito en Colombia.

Tres meses después, otro periódico capitalino colombiano publicó una crónica colmada de sensacionales revelaciones, mediante las cuales acusó a la dictadura cubana de propiciar el siniestro maridaje narco-subversivo en Latinoamérica, con el propósito de derrocar gobiernos e instaurar dictaduras pro-castristas:

> —La historia comienza en Panamá a mediados de 1.980, cuando otro personaje del hampa, llamado Juan Lázaro Crump Pérez —universalmente conocido como Johny Crump—, concertó una reunión entre Guillot y oficiales cubanos de alta graduación. La primera reunión de los personajes se registró en 1975 en el Hotel *El Prado* de Barranquilla.

—Desde la niñez, Guillot había sido amigo de Jaime Bateman Cayón, jefe del M-19, originario como el de Santa Marta.....En una de las primeras reuniones en noviembre de 1.980, se pidió a Guillot y a su amigo Johny Crump que se ocuparan de hacer los arreglos necesarios para el transporte de un destacamento de 300 guerrilleros que deberían infiltrarse en la República de Chile. Guillot también recibió instrucciones para comprar trajes de campaña en los Estados Unidos.

—La operación Chile fue pospuesta, pero mientras tanto comenzó a pasar armamento de contrabando con destino al M-19: los guerrilleros del M-19 debían prestar ayuda a Guillot, para contrabandear desde Colombia marihuana y cocaína. Por mediación de sus amigos del M-19, Guillot recibía mensajes cifrados de radio enviados desde Panamá, donde se preparan embarques clandestinos de armamento para las guerrillas de toda América Central[66].

No obstante la cercanía histórica de Fidel Castro con el Eln, en el testimonio convertido en el libro titulado *En el Infierno*[67] Johny, un antiguo escolta de los miembros del secretariado de las Farc, denuncia la presencia de oficiales en servicio activo de los regímenes comunistas de Cuba y Nicaragua en cursos de capacitación para sicarios, cabecillas de guerrillas, expertos en explosivos, comunicaciones, sanidad en campaña y armamento. Relata incluso que a uno de ellos lo llamaban por el grado militar del ejército nicaragüense sandinista.

---

[66] Era la época del gobierno del general Pinochet en Chile y de la beligerancia de las guerrillas salvadoreñas y guatemaltecas. 20 años después las Farc y las autodefensas ilegales refinaron el proceso de canjear armas por coca, mediante el mismo sistema utilizado en Panamá, Las Guyanas, Jordania y Rusia.

[67] *En el infierno*, Luis Alberto Villamarín Pulido coronel, Ediciones LAVP, noviembre de 2003.

Bajo el título *La narco-conexión México-Cuba*, el periodista Ariel Ramos, del *Diario de Las Américas* de Miami, publicó el 26 de agosto de 1999 nuevas revelaciones que demuestran la incidencia de la dictadura cubana en el tráfico de narcóticos hacia Estados Unidos, gracias a la afinidad ideológica y la cercanía castrista con las guerrillas colombianas:

> —….. Hace días el cable informó que fue capturado un ex-policía judicial que servía de enlace entre el ex-gobernador del estado de Quintana, Mario Villanueva Madrid y el cártel de Juárez, mientras era gobernador. Esta noticia coincidió con un informe confidencial venido a nuestras manos sobre el punto a que ha llegado el control de la política en México por los cárteles de la droga, con referencias muy oportunas a la narco-conexión México-Cuba, que quiere decir entre la familia revolucionaria mexicana y el *establishment* castrista.
>
> —Villanueva, considerado uno de los cabecillas del cártel de Juárez, es uno de los ejemplos de que la conexión del régimen de Castro con los narcotraficantes, no es sólo con los colombianos y el llamado *tercer cártel* en ese país (las Farc y el Eln), sino con los cárteles mexicanos.
>
> —Durante su estancia en Cuba, Villanueva celebró con una gran fiesta el cumpleaños del ex-presidente Carlos Salinas de Gortari. Sin embargo, la presencia de Villanueva en Cuba y sus contactos estrechos con los altos mandos en la isla causó serios recelos en la cúpula del poder mexicana, hasta el punto de que el asunto fue tratado personalmente por Zedillo y Castro.

RUTAS DE LA COCA HACIA LOS ESTADOS UNIDOS DESDE COLOMBIA

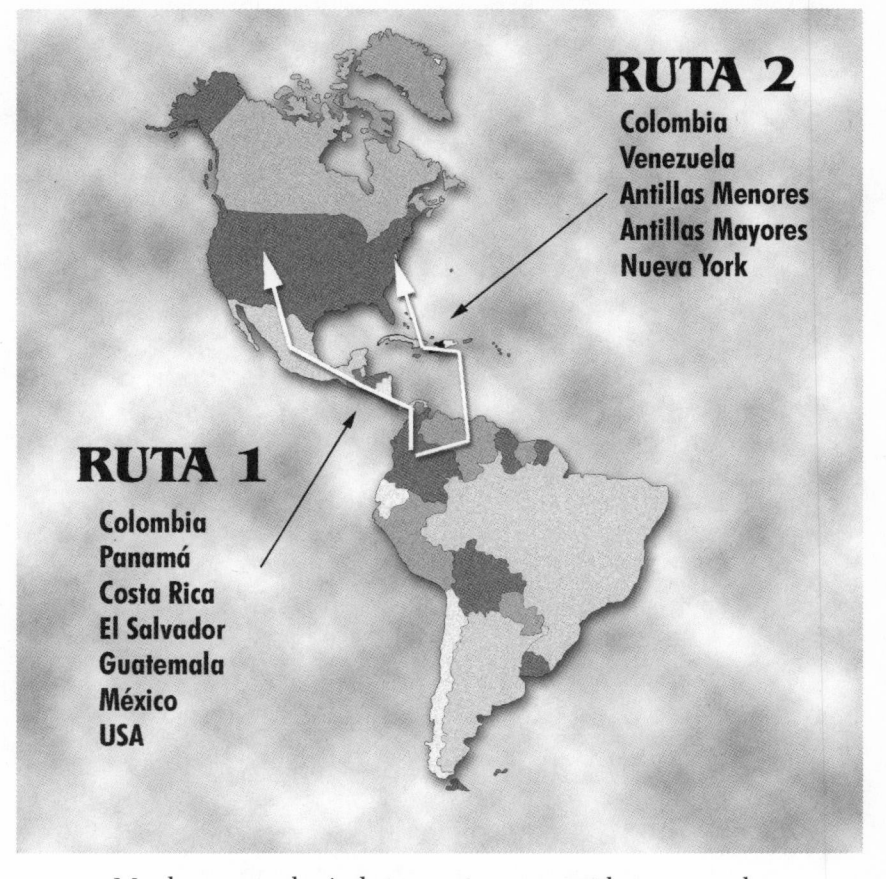

—Muchos recordarán la entrevista sostenida entre ambos en el hotel Jaragua, en Santo Domingo, en el seno de la Cumbre del Caribe, *sin agenda ni anuncio previsto, durante 45 minutos*, cuya reunión fue seguida con sorprendente mutismo por parte de los participantes. Sin embargo, asegura el informe que, entre los temas abordados por ambos, figuraron los de ciertos intereses comunes relacionados con las drogas.

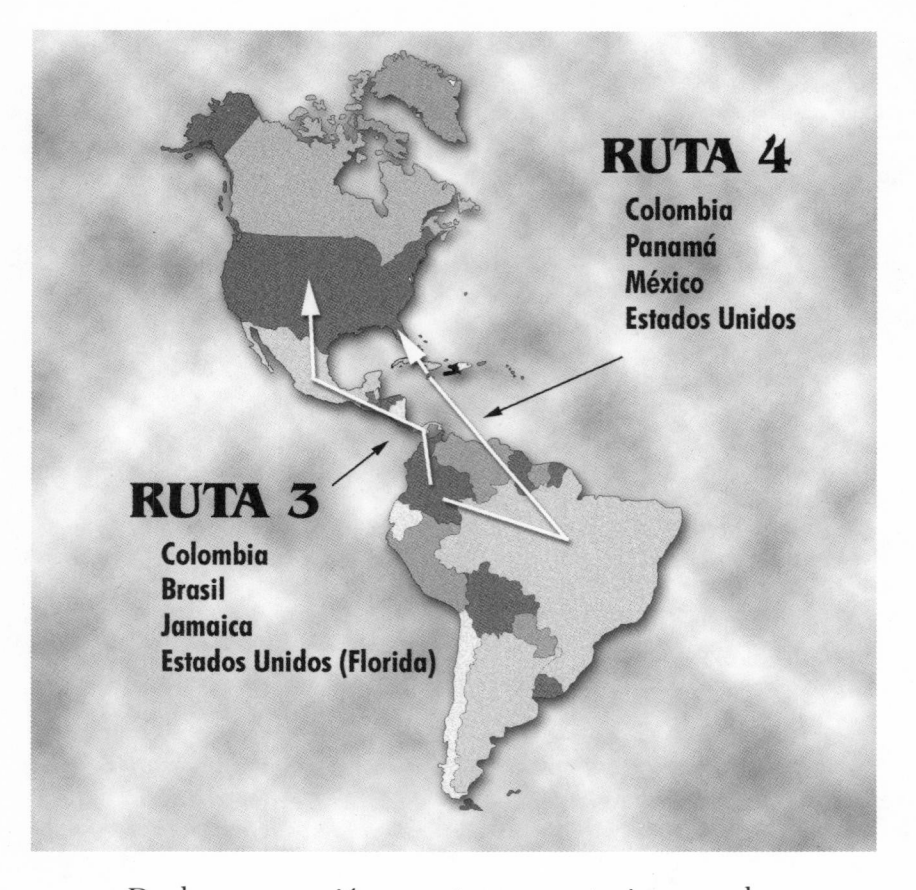

—De la conversación secreta que sostuvieron ambos, se derivó la sustitución del Ministro de Relaciones Exteriores, Roberto Robaina, socio de Villanueva Madrid. Igualmente, fue destituída sin aparente motivo oficial, la esposa de Robaina de sus funciones en la corporación turística *Rumbos*, trascendiendo que la misma estaba involucrada en el tráfico sexual y de estupefacientes. Sin embargo, dice el informe, tanto Castro como el gobierno mexicano, conocían desde sus inicios la sociedad de Robaina con Villanueva. Y no fue hasta que se puso en riesgo la estabili-

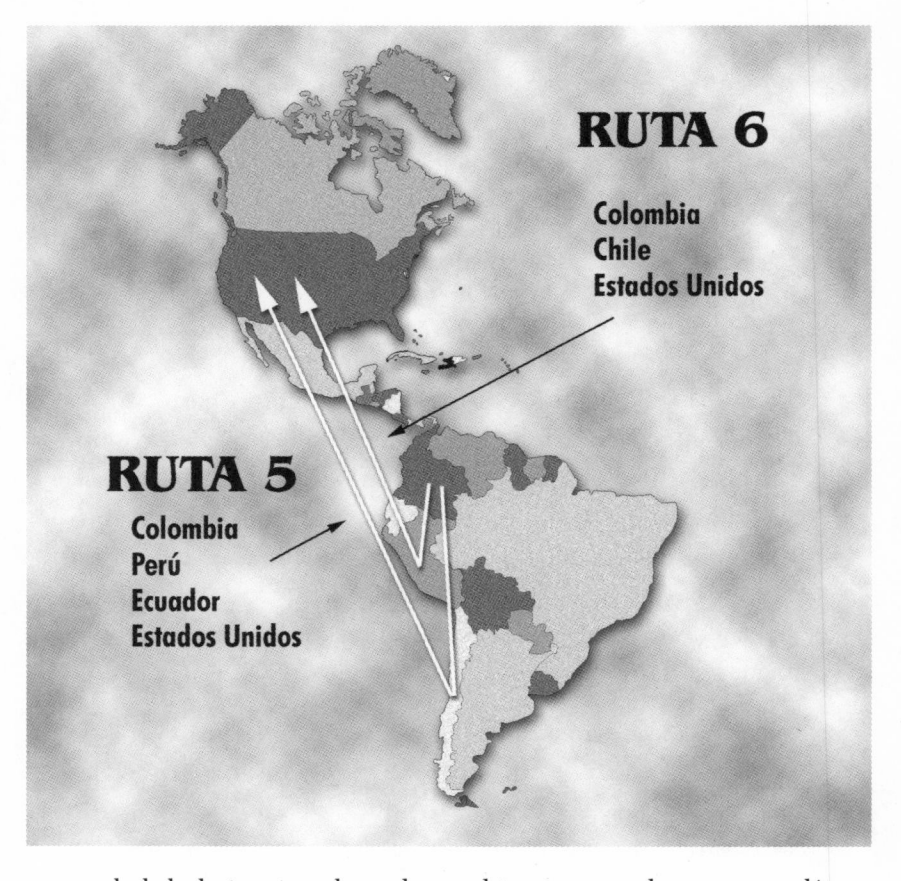

dad de la imagen de ambos gobiernos, que los narco-políticos decidieron cortar algunas cabezas, y así mostrar sólo la *punta del iceberg*.

—Es interesante lo que dice el informe sobre el comienzo de la estrategia narco-revolucionaria en el período de 1954-1956, promovida por la Unión Soviética con Cuba como plataforma principal para América. El objetivo era desarrollar la formación de líderes revolucionarios y terroristas adiestrados, incorporando posteriormente el tráfico de narcóticos a la estrategia revolucionaria. Estos dos componentes penetrarían al crimen organizado y comenzarían a operaciones subversivas. Y Castro, sin excepción, ha optado siempre por este maridaje entre la insurgencia y el tráfico de drogas.

Pocos días después bajo el título *Revelan tráfico de drogas en Cuba*, el periodista Pablo Alonso, del *Nuevo Herald* de Miami, volvió a *poner el dedo en la llaga*:

—Las sospechas de que Cuba funciona como base para el tráfico internacional de drogas han sido, al parecer, confirmadas por una operación encubierta de la prensa española. La cadena de televisión Telecinco transmitió un sorprendente reportaje de investigación titulado *Narcotráfico en Cuba*, grabado secretamente en la isla, que muestra la existencia de clanes de narcotraficantes que operan ampliamente en ese país.

—Pretendíamos demostrar la existencia del narcotráfico organizado en Cuba, algo de lo que tienen serias sospechas la Dea, la Cia, el Cesid, Scotland Yard y los servicios de inteligencia de todo el mundo. Nadie lo había logrado hasta ahora —afirmó al periódico madrileño *Diario 16* uno de los reporteros que participaron en la investigación.

El equipo de investigación de Atlas-Tele 5 consiguió pactar en La Habana el negocio ilícito de casi 400 kilos de cocaína al año, con un valor en el mercado de decenas de millones de dólares. Además, el jefe de la red de narcotraficantes, conocido como *El Anillos*, aseguró a los reporteros encubiertos tener *excelentes relaciones* con altos funcionarios del gobierno cubano.

—Y por la seguridad, olvídate de eso, que yo pago aquí por la seguridad—, dijo *El Anillos* a los reporteros.

—Yo solo me debo a uno, que es el gobierno cubano—aseveró en el reportaje el jefe mafioso.

—*El Anillos* ofrecía cocaína de gran pureza y con él pactamos que nos pusiera en España ocho kilos a la semana, 32 al mes; más de mil millones de pesetas una vez puesta en las calles de Madrid—, afirmaron los reporteros que actuaron bajo la fachada de compradores de droga.

Los miembros del equipo investigativo-periodístico comprobaron cómo la droga corre por La Habana con más fluidez de la que el régimen está dispuesto a admitir.

Además los periodistas filmaron un campo donde se cultiva marihuana a gran escala y a plena luz del día. El lugar está ubicado en la provincia de Cienfuegos.

—Lo curioso es que ese campo se encuentra próximo a una central nuclear calificada de máxima seguridad, cercada y vigilada por el Ejército cubano—, afirmó uno de los reporteros.

Para acrecentar las evidencias de la conexión de Cuba con el terrorismo internacional, el periódico *La Razón de España* resaltó que existen evidencias documentales y testimoniales relacionadas con la presencia de por lo menos 30 agentes cubanos de inteligencia militar en San Vicente del Caguán en Colombia, y en el sector conocido como la *zona de despeje*, donde las Farc controlaban un área desmilitarizada de 42.000 kilómetros cuadrados, durante la laxa administración Pastrana Arango.

Junto a ellos había 10 venezolanos ex-integrantes de las Fuerzas Armadas de ese país, al igual que ex-militares y ex-guerrilleros nicaragüenses, que entraron por lo menos en ocho ocasiones a la *zona de despeje.* Tal situación coincide con la presencia de más de cinco mil asesores cubanos en Venezuela, encargados de organizar los círculos bolivarianos y los comités de vigilancia revolucionaria, a favor del controvertido gobierno del marxista Hugo Chávez.

Narcotráfico, nexos de las Farc en España y relaciones con Eta

Mientras que desde los inicios de la subversión comunista, Colombia tuvo claridad acerca de cómo funcionan las finanzas de las Farc, el Eln y las autodefensas, es permanente el reto de la policía española para esclarecer las finanzas *etarras,* calculadas por algunos investigadores del tema en 250 millones de dólares al año.

Pese a la detención del dirigente *etarra* Domingo Turbe, del director de la sucursal del Banco de Bilbao en Bayona-Francia y del arresto por *blanqueo* de José Guimon empleado de la Banca Intxauspe y promotor privado de la fiduciaria Basque Hollandeais de Change, es como si durante décadas se hubiera convenido que Eta guardara el dinero en el *calcetín,* porque, en apariencia, solo se nutre de la extorsión, denominada *impuesto revolucionario.*

A comienzos del siglo XXI afloran pruebas que corroboran los nexos *etarras* con el narcotráfico y otros comportamientos mafiosos. Los servicios de seguridad española establecieron que la organización terrorista deposita fondos en las Antillas holandesas por medio de una serie de filiales y sociedades instrumentales creadas a partir de la firma Lid Logistic Holding BV, pero todavía faltan muchos cabos por atar y dudas por despejar al respecto.

La captura de la cúpula *etarra* en Bidart-Francia, el 29 de marzo de 1992, descubrió detalles del osado *Proyecto Udaletxe*[68], modelo de una estructura financiera legal, concebida para crear organizaciones y empresas afines a partir del desarrollo económico, con el velado propósito de desvincular el *frente militar etarra* del resto de las estructuras del *Movimiento Nacional de Liberación Vasca (Mnlv)*[69], al colocar todo el entramado bajo una dirección única, y un control político en el que los militantes de Eta participarían en los consejos de administración.

En Bidart, la policía descubrió la denominada *Comisión de Comunicación Social e Imagen* de Eta, proyecto subversivo con visión empresarial, diseñado con el propósito de situar bajo la misma *dirección* a todos los medios de comunicación afines y dotar al *Mnlv* de criterios ideo-políticos comunes para trasladar *nuestro mensaje a la sociedad*, acompañados por Zart Komunikazioa, encargada de dotarla con cobertura legal, bajo el visto bueno de Banaka[70].

Seis años después que Eta-Kas[71] constituyera la estructura financiera clandestina[72], soporte de la organización terrorista, una investi-

---

[68] Proyecto financiero global que establece cajas distintas para cada empresa u organización. El propósito es que cada estructura se autofinancie y que la solidaridad económica funcione en caso de necesidad.

[69] Curioso nombre que coincide con el Eln de Colombia, los zapatistas de México y el Farabundo Martí en El Salvador, todos ellos inspirados en la óptica pro-castrista de Cuba.

[70] El documento incautado indicaba que los clientes de Zart Komunikazioa serían las organizaciones y estructuras integradas en el *Mnlv*, tales como el diario *Egunkaria, Egin*, AEK, Askapena, Eguzki, Ikasle Abertzaleak (IA), Gazteria, Askagintza, Egizan, la editorial Txalaparta, Esan Ozenki, Argia, EKB, Zabaltzen, el sindicato LAB y la organización juvenil Jarrai (hoy Haika).

[71] Koordinora Arbetzale Socialista.

[72] El *Proyecto Udaletxe* era coordinado por Rufi Etxeberría, orgánico de *Herri Batasuna* y José Luis Franco Suárez, socio de *Banaka* y experto en finanzas. El hermano de Etxeberría vinculado con la agencia de viajes Ganeko, que intentaba implantarse en Cuba, fue catalogado en ese momento por las autoridades judiciales españolas como el máximo responsable de KAS en Guipúzcoa.

gación iniciada por la policía española en otoño de 1998 demostró la intención *etarra* de crear empresas fuera del territorio español para financiar el sostenimiento de los militantes que salen clandestinamente de la península ibérica y para generar réditos económicos, al tiempo que buscaba trasladar fondos de unas sociedades a otras, para evitar el seguimiento de las autoridades.

Los primeros frutos de la investigación culminaron con la captura de Vicente Askasíbar Barrutia, empleado de una sucursal bancaria, responsable del complejo económico de Kas, quien también era investigado por la policía vasca, la *Ertzaintza,* debido a su posible vinculación con la financiación de la banda terrorista.

En el transcurso de la investigación, se comprobó que Eta tenía fondos en determinadas empresas colocadas en el mundo accionarial como economía de subsistencia, no especulativa, porque no invertían en renta fija o variable. Prueba de ello es que al dirigente Kantauri le fueron decomisados documentos alusivos a un cargamento de armas valorado en 70.000 dólares, conseguidos por medio de extorsiones realizadas por Eta contra pequeños y medianos empresarios, o profesionales que no pueden pagar escolta y blindarse con medidas de seguridad.

Basándose en la experiencia acumulada, Eta creó una nueva trama financiera para no comprometer a sus organizaciones satélites. En una operación policial antiterrorista efectuada en Sokoa, las autoridades españolas encontraron informes de pagos a Orain, la editora del clausurado diario *Egin*, a las gestorías Pro Amnistía y a la organización juvenil Jarrai, así como pruebas contundentes de la compra de la revista *Punto y Hora*.

En uno de los documentos incautados por la policía española en noviembre de 1996, tras la detención del dirigente *etarra* Juan Luis Aguirre Lete, se mencionaba a Juan Pablo Diéguez Gómez, miembro de la empresa Gadusmar con sede en Bermeo (Vizcaya), dedicada a la venta de bacalao noruego, la cual sostenía relaciones comerciales con Cuba[73]. Las autoridades procedieron contra Gadusmar, que hacía compras en Europa, enviaba los productos a otros países y por medio de la extensa infraestructura comercial, financiaba la diáspora *etarra* radicada fuera de España.

En ese entorno estratégico financiero nació Banaka, empresa dependiente de *Herri Batasuna,* partido político *pro-eta*, con el encargo de constituir, gestionar y asesorar diversas empresas, entre ellas las *Herriko Tabernas*, sedes sociales de los colectivos de la *izquierda abertzale*, donde reclutaban nuevos miembros de Eta y se organizaba la *kale borroka*[74].

Según el informe oficial, Eta blanqueó por medio de *Banaka S.A.*, dinero procedente de secuestros y extorsiones. Se rumoreó que también *lavaron* ingresos de narcotráfico o tráfico o de armas, e incluso prostitución.

En rueda de prensa concedida el 29 de abril de 2002, Mariano Rajoy, ministro español de Interior, aseveró que en el desarrollo de una operación policial dirigida por el juez Baltasar Garzón, las autoridades efectuaron siete allanamientos en el País Vasco y Navarra contra seis empresas y gestorías integrantes del entramado financiero-empresarial de Eta[75] y, al mismo tiempo, contra la comisión nacional de las *herriko tabernas*[76].

---

[73] Los investigadores descubrieron la existencia de préstamos ficticios, que devolvían a España para financiar el terrorismo, así como la inversión en Cuba de decenas de millones de pesetas, con la complacencia del gobierno dictatorial.

[74] Para atacar el problema, el 26 de agosto de 2002, el juez de la Audiencia Nacional, Baltasar Garzón ordenó clausurar por tres años todas las sedes, locales o establecimientos directa o indirectamente relacionados y con independencia del lugar donde se hallen, tras decretar la suspensión de las actividades de la *coalición abertzale*.

[75] Las gestorías referidas son *Ducal*, Bilbao; *Ator,* Hernani; *Aisa*, Tolosa y *Etxepare*, Mungía. Las empresas ubicadas en la provincia de Vizcaya son *Erosgune S.L.* y *Eneko S.L.*

[76] Las 107 *herriko tabernas* eran centros clandestinos de acopia donde acudían pequeños y medianos empresarios del País Vasco y de Navarra para pagar el *impuesto revolucionario*. *El Mundo* de España denunció en marzo de 2002 que los empresarios afectados acudían a las sedes de Batasuna para saber cómo y dónde pagar las extorsiones.

Los investigadores incautaron copiosa documentación y ordena-dores con información contable, y además detuvieron a once miembros de Batasuna y de otras organizaciones clandestinas, integrantes del grupo terrorista, entre ellos José Luis Franco Suárez, Jon Gorrotxategi, Joseba Mikel Garmendia Albarracín, miembro de la Comisión Ejecutiva de Udalbiltza; y Rufino Etxeverría Arbelaiz, histórico miembro de la Mesa Nacional de *herriko tabernas*, promotor en 1995 de la ponencia Oldartzen, que supuso un salto cualitativo en la estrategia de Eta.

En la operación quedó al descubierto que Eta contaba con una sofisticada red de empresas, por medio de las cuales blanqueaba dinero, enviado por las *herriko tabernas* a *paraísos fiscales* en Europa y en América, a nombre de la empresa Banaka, bajo camuflaje, que correspondía a pagos recibidos por ceder franquicias.

Cumplido este paso, *Banaka* retornaba casi 12 millones de euros anuales a *Ducal, Etxepare, Hator y Aixa*, gestorías ubicadas en el País Vasco, además de las empresas Erosgune y Eneko, una de ellas dedicada a la distribución de vino. Desde allí, el capital manejado por Eta, era enviado tanto a *paraísos fiscales* como a cuentas en el extranjero, operadas en Venezuela, México, Uruguay y Cuba entre otros.

Mediante informe publicado por la Oficina Federal de la Policía Suiza, correspondiente al año 2003 sobre la seguridad interior de este país, varias organizaciones criminales y terroristas, entre ellas Eta de España y el Eln de Colombia, en ocasiones han utilizado el sistema bancario suizo para blanquear dinero utilizado para financiar sus actividades. El dinero *lavado*, unos 1.000 millones de euros, procedía del contrabando de tabaco. La investigación fue llevada a cabo por un tribunal de Augsburgo.

En concordancia con el concepto técnico de la Junta Internacional de Fiscalización de Estupefacientes (Jife), organismo dependiente de la Onu, España es el punto principal de entrada de cocaína en los mercados ilícitos de Europa, pues, salvando las proporciones, la parte española de la península ibérica vendría a ser al resto del Viejo Continente lo que México es para Estados Unidos: una plataforma de acceso que, por su posición geográfica, facilita un privilegiado contacto con los mercados ilegales de la Unión Europea, para los grandes cárteles del narcotráfico internacional, los mercaderes de armas y los terroristas internacionales.

Para llegar a esa conclusión, la Jife citó como ejemplo que el clan gallego de *Os Boiros* debería haber cobrado un 30 % de los 158 millones de euros, que valían en ventas al por mayor las nueve toneladas de cocaína decomisadas durante el registro del *Tammsaare*. Pero dicho cálculo apenas corresponde a lo que percibieron los mafiosos gallegos por esconder y distribuir la droga en cuestión.

Detención de un presunto terrorista en el País Vasco. La inexperiencia de estos jóvenes es un factor que se añade para relacionarlos con el mundo de las drogas.

La extensión de los tentáculos de las mafias de las drogas en España ha salpicado a diferentes estamentos de la vida nacional. En un sonado caso que causó malestar en la península ibérica, el ciudadano melillense, por razones de seguridad identificado con las letras A.M., pasó a disposición judicial e ingresó en prisión después de prestar declaración ante la 232 Comandancia de la Guardia Civil. Su relación con el estamento militar hace sospechar que la red de narcotráfico a la que pertenecía el detenido podría haber enviado cargamentos de drogas ilícitas a diferentes partes de la Unión Europea.

Tras la captura de A.M., la Guardia Civil realizó dos aprehensiones en vehículos militares. El primer caso correspondió al decomiso de 40 kilos de hachís, camuflados dentro de una mochila, hallada en un camión del Regimiento de Artillería de Campaña número 32 que tenía previsto embarcar hacia Almería.

El segundo hallazgo fue la incautación de 760 kilos de hachís en un camión del Ejército, durante las actividades propias de un control rutinario de vehículos, que iban a embarcar en un buque de la Armada destinado a cubrir la ruta Melilla-Almería. El alijo oculto en varias bolsas de viaje de color caqui, fue detectado por los perros antinarcóticos del Instituto Armado, en un camión que iba a ser utilizado como cocina en el área de las maniobras del Octavo Regimiento de Ingenieros.

En resumen, por extensión del narcotráfico y razones geográficas, España se ha convertido en la principal puerta de entrada del hachís

Pablo Catatumbo, terrorista pederasta, con alto nivel cultural y habilidad para conversar. Jefe de las Farc en el occidente colombiano, mantiene el control de los negocios de amapola y coca en los departamentos de Valle, Cauca, Nariño y sur del Tolima. Viaja con frecuencia a Ecuador para coordinar envíos de drogas hacia Japón y España.

RUTAS DE LA COCA HACIA EUROPA DESDE COLOMBIA

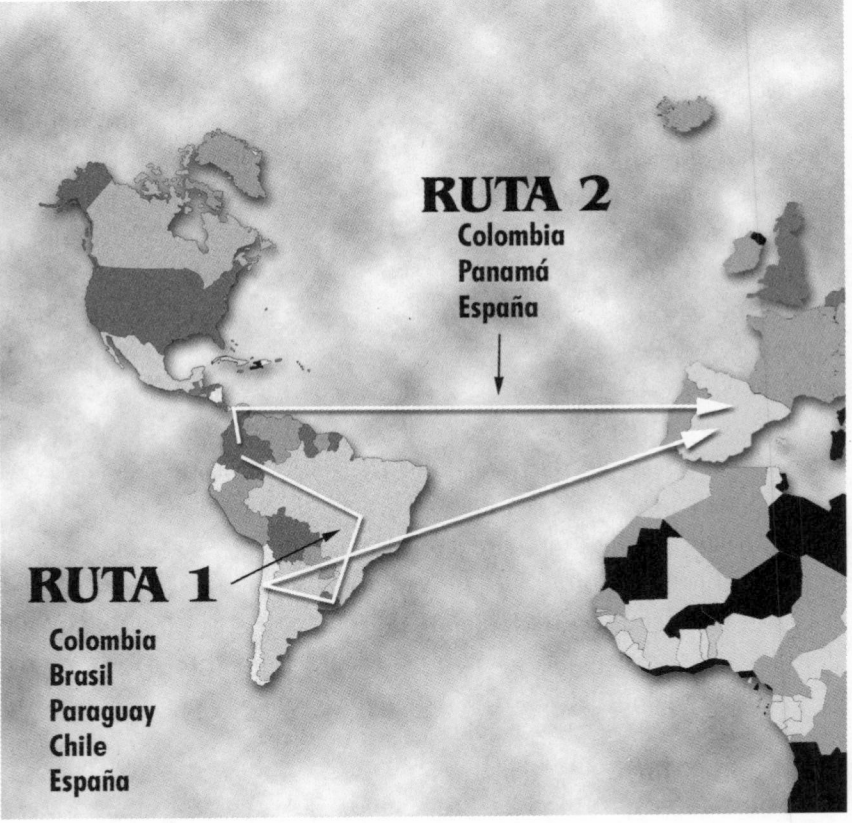

que llega a toda Europa. Las cifras y los ejemplos abundan con datos contundentes. Mientras que en el año 2002, las aprehensiones de alucinógenos alcanzaron los 564.815 kilos, durante el año 2003 se incautaron en España casi 740 toneladas de cannabis. Las autoridades interceptaron 738.301 kilos de hachís y además fueron detenidas 16.189 personas por delitos relacionados con el narcotráfico.

—La ubicación estratégica de España convierte las aguas marítimas en una zona de tránsito casi obligado para los

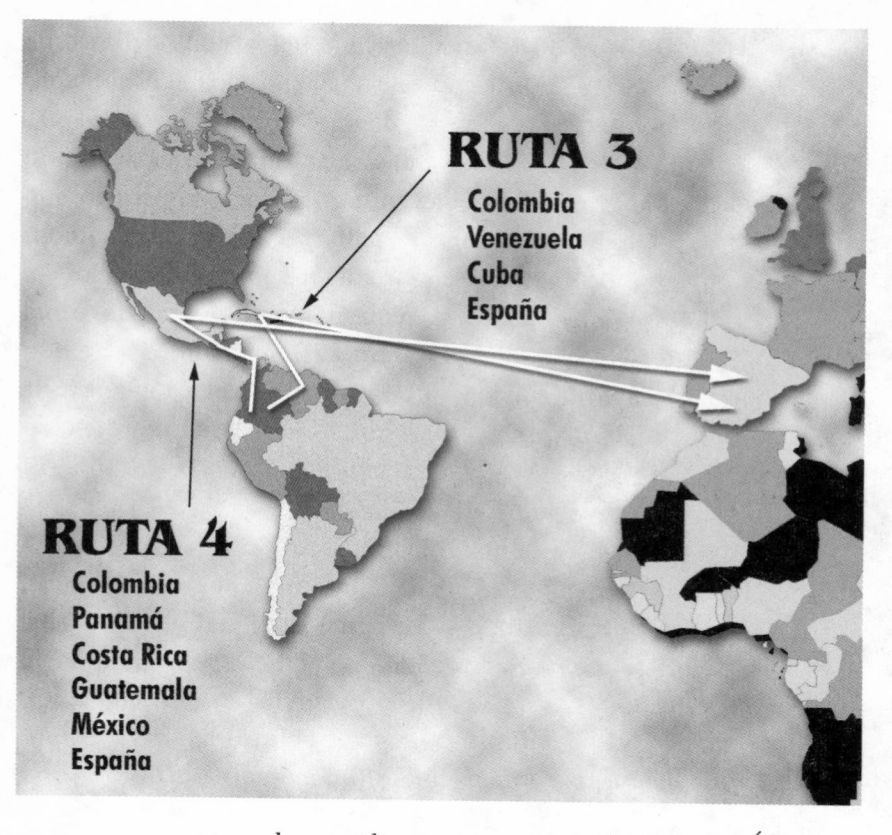

cargamentos de marihuana, transportados desde África hacia Europa, manifestó en rueda de prensa realizada en Las Palmas de Gran Canaria, César Pascual, delegado del Gobierno para el Plan Nacional sobre Drogas.

Las aguas del Atlántico también son utilizadas por las redes de narcotraficantes para transportar cocaína desde México, Cuba y Suramérica. Corrobora tal afirmación el hecho de que, durante el año 2003, se incautó casi el triple de esta droga en comparación con los 45.199 kilos de cocaína decomisados en 2002, que se calculó que son el 60 % de la droga incautada en la Unión Europea.

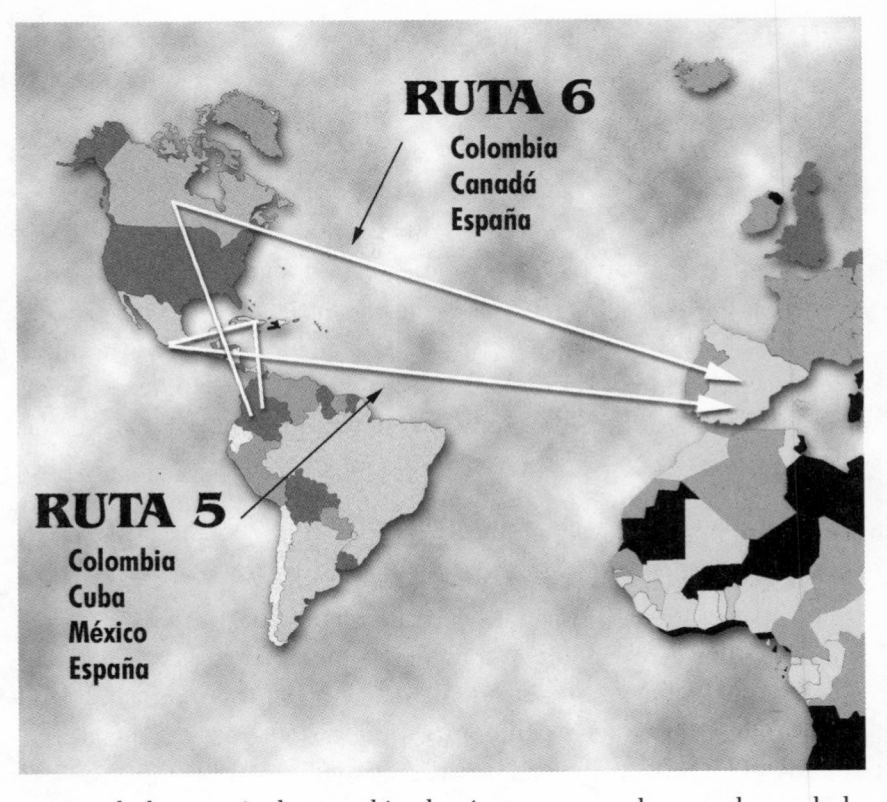

Desde hace más de una década, época en que los cocaleros de la región del Chapare en Bolivia iniciaron la revuelta para reclamar derechos indígenas y el reconocimiento del poder político de la etnia Aymará, las Farc enviaron delegados internacionales a la conflictiva zona para entrenar guerrilleros y organizar sindicatos cocaleros, similares a las *juntas patrióticas* instauradas por el partido comunista en el Guaviare en Colombia, a comienzos de los años 80.

De manera similar, desde que fuera creada en la década de los años 60, Euskadi ta Askatasuna (Eta), que se traduce como *Patria Vasca y Libertad*, ubicó en Francia a los cabecillas de la organización terrorista, desde donde preparaban atentados realizados en el País Vasco y el resto de España.

Hasta septiembre de 2001, Francia mantuvo una política de rechazo a las peticiones de extradición, amparándose en la disculpa de que sus tribunales debían decidir primero la situación jurídica de los detenidos, pero sucedidos los ataques terroristas de Al Qaeda contra Nueva York y Washington, la posición de París viró 180°.

Por esa razón, *los etarras* que se movían dentro del territorio francés siempre portaban un arma de fuego sin documentos de soporte, que no utilizaban en ese país, sino que les servía, en caso de ser detenidos por la policía francesa, para ser enjuiciados en largos trámites. Ese proceso impedía su extradición a España, con la circunstancia agravante de que, por lo general, los detenidos por porte ilícito de armas gozaban de libertad provisional, mientras se fundamentaba el juicio, pero si la situación se complicaba pasaban a la clandestinidad o viajaban a Cuba, donde los albergaban y protegían las autoridades de la isla.

Los países de la Unión Europea, excepto Italia, apoyaron la disposición legal acordada para detener en cualquier lugar de ese bloque económico a los acusados de delitos contra la humanidad, genocidio, narcotráfico, terrorismo y tortura, entre otros, que permitirá la entrega inmediata al país que los reclame.

El gobierno italiano de Silvio Berlusconi resistió hasta último momento, pero el 12 de septiembre de 2001 cambió su postura. Así se logró la unanimidad de los 15 países de la Unión Europea, gracias a las gestiones de Nicole Fontaine, presidenta del parlamento multinacional y de Bélgica, en calidad de presidente rotativo del bloque.

En otro escenario geopolítico que hace más complejo el problema en cuestión, la ascensión del presidente Hugo Chávez al poder en Venezuela marcó un hito significativo para la llamada *continentalidad de la lucha bolivariana* pues, además de incrementar el entrenamiento militar de los grupos clandestinos o núcleos de solidaridad aymará, el cuestionado mandatario marxista envió auxilios económicos a los insurrectos indígenas bolivianos, facilitó medios y recursos a las organizaciones indigenistas latinoamericanas para reunirse en Caracas, situación que desde luego auspició la resurrección de las guerrillas comunistas, como proyecto político en algunos países latinoamericanos.

El *oxígeno chavista*, impulsado por Fidel Castro, estimuló a los subversivos latinoamericanos para conformar una coalición político-económico-armada, que articula en zonas deprimidas con escasa presencia gubernamental remanentes del Frente Patriótico Manuel Rodríguez de Chile, guerrilleros Aymará, *Movimiento de los Sin Tierra* en Brasil, Sendero Luminoso en Perú, Círculos Bolivarianos en Venezuela, partido comunista ecuatoriano, Farc y Eln en Colombia, exguerrilleros salvadoreños y guatemaltecos, hasta llegar a Chiapas en México, quienes se conectan con los cárteles de Monterrey, Juárez y Tijuana, o con corruptos funcionarios del gobierno cubano, para realizar los despachos de drogas ilícitas hacia Estados Unidos o Europa.

En todos los casos, las guerrillas y los comisarios políticos subversivos trabajan de la mano con los narcotraficantes internacionales, sin que los *barones de las drogas* comulguen con la ideología leninista. Son acuerdos de mutua conveniencia y mucho sigilo.

El reincidente tema del refugio dado por Cuba a terroristas del grupo vasco Eta y de las guerrillas colombianas Farc y Eln, volvió a ser noticia mundial tras los informes de Carl Ford, funcionario responsable de inteligencia del Departamento de Estado, en los que, con argumentos sólidos, demostró una vez más que el gobierno totalitario de Cuba cobija a veinte *etarras* que, desde la isla caribeña, apoyan a las guerrillas Farc y del Eln, ambas de inspiración leninista, a través del gobierno venezolano que preside Hugo Chávez.

Ford aseveró que:

—Bogotá conoce este acuerdo y aparentemente no pone ninguna objeción. Hay indicios de que el gobierno venezolano es simpatizante y ayuda a las Farc y a otros grupos colombianos. Chávez ha diseñado una campaña contra Estados Unidos para encubrir su fracaso económico a pesar de los recursos naturales de los que dispone el país. Esta es la razón de que se haya unido a Castro en su empresa propagandística.

En otro ámbito de la información, se estableció que un irlandés residente en La Habana y que el pasado año fue arrestado en Colombia por entrenar a las Farc, representa ahora al Ira en la isla caribeña con la autorización del Gobierno del dictador cubano Fidel Castro, según comentarios publicados por el diario *The Miami Herald*, único rotativo que recogió las declaraciones del funcionario ante el Comité de Inteligencia del Senado.

Para complementar más la compleja información, los lazos entre el gobierno del presidente venezolano, Hugo Chávez, inducido por Fidel Castro y los grupos narcoterroristas colombianos fueron revelados en febrero de 2001 por el diario español *La Razón*, así como por cuatro periodistas venezolanas que hicieron público un vídeo que vinculaba al ejecutivo venezolano con las Farc.

Por otra parte, Vicky Huddleston, responsable de la Oficina de Intereses de Estados Unidos en La Habana, puso de nuevo el dedo en la llaga al afirmar que:

> —A menos que Cuba comience reformas políticas internas serias, las sanciones de Estados Unidos se van a quedar como están. La Habana va a tener que dejar de recibir y ayudar a terroristas vascos y latinoamericanos si desea dejar de estar incluido en la lista de Estados Unidos.

Según reveló el diario *La Razón* de España, que ha identificado a varios integrantes de la banda, las relaciones entre el dictador Fidel

Castro y Eta se remontan al año 1996, cuando llegó a Cuba un grupo de seis terroristas procedentes de Panamá, con el objetivo de trasladar los fondos a la isla para comenzar a autofinanciar el entramado clandestino, sin sufrir las interferencias policiales. A pesar de esta aseveración, el hallazgo de documentos, boinas y lenguaje *etarra*, utilizados por el Eln desde 1964, indican que son anteriores las relaciones entre las agrupaciones terroristas.

Entre los *etarras* protegidos por Cuba, figuran los asesinos del capitán español del Ejército de Tierra Alberto Martín Barrios, que en una acción criminal muy similar a la que costó la vida al concejal del Partido Popular de Ermua, Miguel Ángel Blanco, fue secuestrado y asesinado tras un ultimátum de Eta al gobierno español.

Se trata de Elena Bárcenas Argüelles, alias *Tigresa*, y José Luis Rodríguez Muñoa, alias *Zipo*, residentes en La Habana, en una de las zonas de la capital reservadas para domicilio de los dirigentes del Partido Comunista de Cuba. De forma curiosa, los terroristas poseen sendos vehículos particulares en una isla con ingentes problemas económicos, donde la posesión de un automóvil es algo que la mayoría de los cubanos tiene que reservar al capítulo de los sueños inalcanzables.

Los *etarras* residentes en Cuba son muy activos, pues colaboran con Eta y sus organizaciones de apoyo. Producto de la operación que el juez Baltasar Garzón de la Audiencia Nacional desarrolló contra la estructura económica y mediática de Eta, se esclareció que la empresa Gadusmar, dedicada a la venta de pescado, desarrollaba gran parte de su actividad comercial en Cuba, donde había sido dirigida por varios *etarras*, entre ellos Carlos Ibarguren, alias *Nervios*, responsable de finanzas de Eta, quien además ganaba mil dólares al mes, sueldo desproporcionado frente al mísero salario promedio de los cubanos residentes en la isla.

Analistas del tema cubano, tanto en España como en Estados Unidos, afirman que declaraciones antiterroristas del dictador cubano realizadas a propósito de estos hechos carecen de credibilidad, sobre todo porque en noviembre de 2000 Castro rehusó firmar una declaración de condena a Eta aprobada por la Cumbre Iberoamericana en Panamá.

—Aunque el régimen castrista ha sostenido siempre la versión de que controla la colonia *etarra* residente en la isla, y que a este país no han llegado nuevos terroristas españoles, los hechos demuestran lo contrario. Francisco Rementería Barruetabeña, fallecido en agosto de 2000 en el barrio de Bolueta de Bilbao, cuando explotó una bomba que iban a colocar contra un objetivo civil, se trasladó desde Cabo Verde, país al que había sido deportado, hasta Cuba, para desde allí viajar a Francia, donde se reintegró a las actividades terroristas *etarras*. Algo similar ocurrió con José Miguel Bustinza Yurrebaso, fallecido en un enfrentamiento con la Guardia Civil en Bilbao, quien antes de este suceso, pasó por Cuba antes de regresar a suelo galo—, aseguró el diario *La Razón* de Madrid.

A manera de complemento a lo señalado, integrantes del *aparato internacional* de Eta viajan con frecuencia a la isla caribeña para entrevistarse con miembros del Partido Comunista cubano. En una de estas reuniones planearon efectuar una operación especial de rescate de algunos *etarras,* que por entonces fueron deportados de la República Dominicana hacia España, entre ellos Eugenio Echebeste, Ignacio Aracama y Belén González.

Cuanto más se escudriña, más nexos aparecen del régimen cubano con el terrorismo internacional. Los oficios de Fidel Castro para tender puentes entre narcotraficantes mexicanos y *etarras* se destaparon el 22 de julio de 2003, cuando fuentes próximas a la operación policial que culminó con la detención de seis españoles y tres mexicanos vinculados con Eta, corroboraron la decisión tomada por los terroristas de ubicar el centro financiero en la capital del estado mexicano de Nuevo León en 1997, año en que miembros del *Colectivo de refugiados políticos vascos* se establecieron en la colonia Mitras Centro en Monterrey, con el propósito de llevar a cabo actividades de apoyo a la organización terrorista, bajo la apariencia de una vida normal[77].

Santiago Creel, ministro de Gobernación explicó que por requerimiento del gobierno español, gracias a una labor coordinada entre la Procuraduría General de la República y las instancias de inteligencia, la policía mexicana asestó un duro golpe a la estructura financiera de falsificación y logística de la banda terrorista en México, ya que además de los nueve detenidos, congeló fondos de *los etarras* por más de 119.000 dólares, depositados en varias entidades financieras.

La más importante captura fue la de Asier Arronategui, quien militaba desde 1989 en el *Comando Araba* de Eta en Francia, pero que por razones de seguridad huyó hacia México, donde actuó un tiempo junto a Juan Ángel Ochoantesana Badiola, quien fue arrestado en agosto de 2002 en Francia.

Todos los indicios apuntan a demostrar que Arronategui simulaba ser el gerente de una empresa de mensajería, que en realidad formaba parte del aparato financiero, logístico y de falsificación de documentos, establecido por Eta en México, pero el verdadero propósito de la empresa era obtener recursos financieros y materiales necesarios para perpetrar actos terroristas en España, estrechar

---

[77] El diario español *ABC* señaló que, de una lista de 130 terroristas refugiados en México, cinco miembros de Eta residían en julio de 1997 en Monterrey. Se trataba de María Flor Ceciaga Mendizábal, alias *Loera*; Gabriel Pérez López, alias *Gabi*; José Luis Eciolaza Galán, alias *Dienteputo*; Ramón Aldasaro Magunacelaya, alias *El Rubio*, y Juan Corta Larrañaga, alias *El Jon*. Algunos de ellos estaban localizados, aunque no fueron arrestados.

nexos con los narcos mexicanos, el gobierno cubano y las guerrillas latinoamericanas.

La célula clandestina dirigida por Arronategui proveía de documentación ilegal a los *etarras* refugiados en México, para que pudieran desarrollar actividades de forma encubierta, con dinero procedente de Francia depositados en fondos de inversión y *cuentas puente,* abiertas con nombres falsos. Luego, ayudada por cómplices mexicanos, realizaba operaciones en efectivo y libraban cheques cobrados por caja, que dificultaban la identificación de los destinatarios. Asier Arronategui y su esposa, Mónica Basurto, pretendían viajar a España el mismo día que él fue detenido.

Con la detención de Asier Arronategui Duralde, ascendió a tres la cantidad de integrantes de Eta apresados en Monterrey desde comienzos del 2000. En junio del mismo año, fue arrestada y deportada a España, donde se le acusaba de participar en acciones terroristas en Andalucía y en el País Vasco, Leire Martínez Pérez, alias *Maitane*, que residía en México desde 1997.

Casi un año después, el 30 de abril de 2001, la Policía Federal Preventiva informó de la detención del *etarra* Jagoba Codo Callejo, quien también residía en la capital de Nuevo León desde hacía varios años. A raíz de su arresto, la Procuraduría General de la República descubrió un escondite llamado *casa de seguridad* de los miembros de Eta en Villa de Santiago, poblado localizado a 30 km. de Monterrey.

Al respecto, la Procuraduría General de la República de México demostró que Eta enviaba dinero a sus integrantes radicados en ese país mediante cuentas abiertas entre el 2001 y el 2002 en el español Banco Santander y el mexicano Banamex, unidad de Citigroup. El periódico *El Universal* afirmó que la red financiera estaba conformada por cerca de 10 cuentas abiertas también en los bancos Bancomer y Vital, las cuales recibían fondos desde España, a nombre de terceras personas, lo que permitía realizar a la célula de Eta en México operaciones encubiertas.

Meses antes fueron capturados en Bogotá y Tolima en Colombia, algunos miembros del partido comunista dominicano que se encontraban en coordinaciones para realizar actividades terroristas y de narcotráfico con las Farc, lo cual demuestra la permanente ebullición del terrorismo internacional en diferentes puntos del planeta, en torno al negocio del narcotráfico y la ubicación de células clandestinas.

Dicha situación se torna crítica ante la evidente presencia de terroristas islámicos en la isla dominicana y el hallazgo de capos de los cárteles mexicanos de las drogas deambulando por las zonas cocaleras colombianas con el disfraz de turistas ecológicos.

A propósito del atentado contra el Club *El Nogal* en Bogotá el 23 de febrero de 2003, en diferentes escenarios de Madrid, Ana Palacio, ministra de Asuntos Exteriores de España, destapó la realidad de un temor que era un secreto a voces entre los organismos de seguridad internacional, al señalar que existen pruebas de la conexión entre Eta y las Farc, pero que no se sabe aún hasta dónde llegan dichas relaciones y de qué han sido capaces ambos grupos terroristas dentro de la siniestra alianza.

El atentado contra el Club *El Nogal* no fue el primer caso en que se citaron los nexos entre las Farc y Eta, pues con el estallido de un coche-bomba en la zona rosa de Villavicencio, ocurrido en abril de 2002, el cual quitó la vida a 14 personas y dejó heridas a otras 70, las autoridades colombianas comprobaron que las Farc utilizaron métodos terroristas similares a los de Eta e Ira.

Dos semanas después, el prestigioso periódico estadounidense, *Financial Times* reveló que el Comité de Relaciones Internacionales del Congreso de Estados Unidos concluyó que Eta es *el mas probable* nexo de unión entre las Farc y el Ira, mediante una red de contactos clandestinos que los *etarras* tienen en Cuba, El Salvador, Nicaragua, Guatemala, México y Colombia.

Para reafirmar la realidad objetiva evidente, en una entrevista concedida a la Agencia Francesa de Prensa, el ex militante de Eta

Josu Urrutikoetxea, más conocido popularmente como *Josu Ternera*, admitió que:

—Es normal que los movimientos de liberación nacional, estén donde estén, en Irlanda, en Colombia o en Córcega, trabajen juntos, pongan en común sus experiencias y se entrenen.

Pero antes existían otros antecedentes, materializados en la decisión del gobierno español de suspender en agosto del 2002 el estatus político a Batasuna, brazo político de Eta, los cuales incluyen pruebas de la cercanía de los *etarras* con las Farc, el Frente Farabundo Martí de El Salvador por medio del sacerdote español Ignacio Ellacuría (✝)[78] y el Ministerio del Interior cubano, consignados en un expediente de 375 páginas, elaborado por el juez español Baltasar Garzón.

Una de las piezas procesales es un documento decomisado a *etarras,* mediante el cual José Ángel Urtiaga responsable de los nexos políticos y terroristas con la dictadura cubana, ordena al vasco Jokin Gorostidi, otro militante del grupo, que: viaje a Colombia a desarrollar relaciones de colaboración con las Farc.

En el mismo informe se relacionó una carta firmada en España por Gorka Martínez, de Batasuna, en que solicitaba a Urtiaga, radicado en Cuba, que hiciera llegar *a nuestro amigo Renán* una misiva. Hecho el análisis judicial, Baltasar Garzón concluyó que se trataba de Renán Montero, responsable del ministerio del Interior de Cuba.

---

[78] Sacerdote jesuita asesinado en la Universidad Centroamericana durante la ofensiva final de la guerrilla salvadoreña para tomar el poder. La absurda muerte violenta de este clérigo y la de cinco compañeros más, todos vinculados a las redes ideológicas de la guerrilla, marcó el comienzo del final de la guerra en ese país.

En el mismo informe, el polémico juez español Baltasar Garzón desenmascaró otra parte del entramado empresarial de la organización terrorista, incrustada en América Latina, al señalar que:

—Desde finales de 1991 la empresa vasca Banaka S.A. está orientada a crear una infraestructura empresarial y de negocios en los países del continente americano, en los que Eta *mantiene refugiado a algún miembro* de su organización, con el fin de coadyuvar a su sostenimiento económico, logístico y laboral.

—Banaka desarrolla esta actividad en Cuba, México, Uruguay, Costa Rica y Nicaragua, conjunta y coordinadamente con Eta, pues utiliza la cobertura legal creada por Eta en estos países. Además en Cuba los medios y contactos oficiales del ministerio del interior y por otro lado en Uruguay por medio del Grupo Ugao.

En torno al mismo tema Garzón complementó:

Controvertido, crítico y respetado, amado y odiado, Baltasar Garzón es un emblema internacional de la lucha contra el narcoterrorismo.

—Banaka también ayuda a Eta por medio de la infraestruc-
tura de la organización Tupac Amarú en el Perú, y en
México a través de la empresa Derra, propiedad de
Lorenzo Llona Olalde.

Entretanto el dirigente tupamaro Julio Marenales admitió que su
organización mantuvo relaciones con Batasuna, *pero siempre en la legalidad*.

Cuando se le preguntó sobre las posibles relaciones de su organización con los terroristas españoles, Marenales respondió:

—Con Eta no, y no creo que ellos hagan contactos así no
más con cualquier organización.

Al cierre de la rueda de prensa derivada de las capturas, el juez
Garzón también se refirió al apoyo económico a través de la *Casa de
Linda vista,* que se facilita a miembros de Eta en Nicaragua.

Durante una operación coordinada por Garzón en mayo de 1998,
la policía española desmanteló en el País Vasco un entramado empresarial perteneciente a los *etarras* que servía para dar cobertura de
todo tipo, a los miembros de la organización refugiados en
Latinoamérica.

Una de las empresas que daban *cobertura financiera* a Eta y
Batasuna era Bermeo, radicada en Vizcaya y dedicada a la exportación e importación de bacalao y otras mercancías de la industria pesquera, la cual mantenía relaciones comerciales con Cuba y otros países iberoamericanos.

Poco tiempo después, Garzón decretó la suspensión de las actividades de Xaki, organización calificada por el juez como el *ministerio
de exteriores de Eta*, que también actuaba en América Latina.

En una de las tantas operaciones antinarcóticos que se realizan en
el mundo, las autoridades de Bolivia esclarecieron los nexos internacionales de unos narcotraficantes, sorprendidos con un cargamento

de dos toneladas de cocaína a punto de partir rumbo a España. Dicha incautación fue considerada como la mayor realizada en territorio boliviano en varias décadas de lucha contra el tráfico de drogas ilícitas.

La banda tenía listo un embarque de poco más de dos toneladas de *barro cosmético* escondido dentro de 78 recipientes plásticos, embarcados en un vuelo de la compañía brasileña Varig con destino a Madrid. En realidad el cargamento era cocaína pura, cuyo valor internacional fue calculado en 120 millones de dólares por las autoridades bolivianas, es decir más o menos 100 millones de euros.

Otro elemento de juicio que corrobora la claridad de la creciente organización multinacional de las drogas controladas por el terrorismo es que, durante la escala de un vuelo entre La Paz y Mexicali, ciudad del estado mexicano de Baja California, fue inmovilizado en el aeropuerto internacional Jorge Chávez de Lima un avión carguero boliviano, fletado con cuatro toneladas de cocaína escondidas dentro de sus bodegas.

Por razones tan sencillas pero tan graves como las enunciadas, sumadas a la identidad de idioma hablado por delincuentes latinoamericanos y españoles, la inmersión en el narcotráfico facilitó a las Farc establecer contactos con comisarios internacionales de Eta, grupo que desde los inicios tuvo importante cercanía con el Eln de Colombia y la guerrilla salvadoreña, gracias al puente tendido por Fidel Castro entre los grupos terroristas de ambos continentes.

De remate, las Farc contactaron con mafiosos españoles y redes de colombianos –no guerrilleros ni miembros de las Farc–, encargados de distribuir los cargamentos de coca y heroína, entre los consumidores europeos, desde la península ibérica hacia el oriente del Viejo Continente[79].

---

[79] El Congreso de Estados Unidos implicó a Ira y a Eta en el adiestramiento de las Farc y acusó a las tres organizaciones de conformar parte de lo que denominó una *red global de terror*.

Aunque no son muy públicas las relaciones de las Farc con Eta, existen serios indicios de que los *etarras* han entrenado a guerrilleros de las Farc en la preparación de artefactos explosivos, tácticas de terrorismo urbano, metodología para crear empresas de fachada que permitan manejar recursos financieros, apertura de cuentas corrientes en Europa para efectuar rápidas transferencias bancarias que impiden a los investigadores seguir el rastro del dinero, al igual que valiosos contactos políticos con organizaciones no gubernamentales pro-izquierdistas, asentadas en diferentes países del Viejo Mundo, acompañamiento político y asistencia personalizada a guerrilleros o representantes de la guerrilla que viajen a Europa, y naturalmente contactos con traficantes de armas de fabricación rusa y explosivos destinados a la guerra en Colombia[80].

Por extensión de los contactos con la Eta, a cambio de toda clase de armas ligeras, las Farc llegaron hasta el seno de las mafias rusas[81] y los grupos fundamentalistas musulmanes para establecer nuevos canales de distribución de los alcaloides y otros productos, en espacios de conveniencia mutua contra un mismo enemigo, sin que necesariamente existan afinidades ideológicas o intereses políticos similares.

Hasta antes de inmiscuirse en el narcotráfico y tráfico de armas, Eta consiguió los recursos para mantener sus comandos y planear atentados por medio del pago de los rescates que obtienen del secuestro y del *impuesto revolucionario*, además del chantaje que ejer-

---

[80] La organización terrorista vasca ha adiestrado a las Farc en la falsificación de documentos y en el manejo de los componentes electrónicos aplicados a los explosivos, pues tienen muchos combatientes, muchas armas, mucho dinero y mucha droga, pero en esas áreas les falta gente técnicamente capaz.

[81] El 15 de junio de 2004, unidades de la policía nacional colombiana hallaron en un campamento de las Farc en La Palma-Cundinamarca una máquina para fabricar explosivos, similar a un equipo de la antigua Unión Soviética. Posteriormente, en registro de área en la antigua zona de distensión de tropas del Ejército Nacional, hallaron un depósito clandestino con medio millón de cartuchos para fusil AK-47 de fabricación rusa.

Millones de armas ligeras como este fusil AK-47, de fabricación rusa, inundan el mercado ilegal en el mundo.

cen contra empresarios del País Vasco, a cambio de no atentar contra sus vidas o las de sus familiares[82].

A lo largo de su sangrienta historia, Eta ha sostenido que combate el narcotráfico como una especie de paladines que luchan sin cuartel para impedir que la juventud cayera en manos de *camellos* que pretendían inundar de droga el País Vasco, y, para aparentar dicha moralidad, los *etarras* han asesinado a numerosas personas a las que acusaban de ser narcotraficantes.

Bastaba con que alguno de los numerosos informadores que tiene la banda pasara la información de que una persona estaba relacionada con el mundo de la droga, para que fuera incluida en la lista de objetivos de los *comandos etarras*.

---

[82] ETA existe desde hace 30 años. Durante tres décadas de actividad terrorista para conseguir la independencia del País Vasco, ha asesinado a más de 850 personas y secuestrado a 76.

Pero basándose en la denuncia de Raffaele Spinello, un *arrepentido de la mafia napolitana,* investigadores españoles e italianos confirmaron que Eta trafica con drogas al por mayor y, por lo tanto, es una organización mafiosa, porque a los terroristas españoles no parece preocuparles que con las drogas alucinógenas que debían entregar a la *camorra italiana* a cambio de armas y explosivos, se corrompiera a la juventud española, incluida la vasca.

El hecho, denunciado en el año 2002, fue confirmado al publicar la identificación de Gracia Morcillo y José Miguel Arrieta Llopis, alias *Cócteles,* los dos *etarras* encargados de vender cocaína, y también hachís a los mafiosos de la *Camorra* napolitana, por medio del clan conocido con el nombre de los Genovese.

Arrieta, que inicialmente huyó hacia México para cobijarse con los cárteles de drogas que trabajan de la mano con el dictador cubano Fidel Castro, está entre rejas por asesinato, pero se desconoce el paradero de su compañera Gracia Morcillo, a quien los organismos de inteligencia encuadran dentro del *aparato logístico* de la mafia *etarra.*

La minuciosa investigación de las autoridades judiciales hispano-italianas, documentó lo que era más que una sospecha entre los expertos antiterroristas españoles, y que pone al descubierto otra de las capas de la mafia *etarra*, pues cuando un cártel mafioso se consolida, no tarda en desarrollar prácticas que identifican a grupos narcoterroristas en cualquier lugar del mundo, tales como el tráfico de armas; el pago de *protección* o la extorsión a cambio de no atacar a sus víctimas; los secuestros y el establecimiento de *empresas de fachada*, dentro y fuera del país de origen, para *blanquear* el dinero obtenido por métodos criminales.

Detectadas las relaciones amistosas entre el clan de los *Genovese* y los *etarras*, se rompe otro de los mitos que la banda ha intentando crear en el País Vasco, en España y en el mundo entero. A Eta le sobraba la competencia y se la quitó de encima, con el poder intimidatorio de los homicidios.

José Miguel Arrieta Llopis y Gracia Morcillo Torres fueron reconocidos por medio de fotografías como los enlaces *etarras* con el clan mafioso napolitano. El reconocimiento, en presencia de representantes de la Justicia italiana y de la Fiscalía de la Audiencia Nacional, fue efectuado el 27 de marzo de 2003 en las dependencias de la División Nacional Antimafia en Roma.

Spinello señaló que la banda terrorista española pretendía comprar lanzamisiles y explosivos a la organización delictiva italiana, y que el pago se debería realizar con drogas, puesto que los *etarras* sólo venden cocaína y hachís, mientras que la heroína llega de Turquía, de Pakistán y de Uzbekistán. La calidad de la droga determinaría el precio de las armas.

Spinello ofreció más datos acerca de unas negociaciones de diez días de duración, que tuvieron lugar en un hotel de Milán con miembros del *clan genovese*. Durante estas reuniones, los *etarras*, que eran conocidos por los mafiosos como *la llave española*, negociaron la adquisición de lanzamisiles y explosivos ya que no hacían falta fusiles de asalto.

Los antecedentes de Arrieta son abundantes. En 1981, cuando era conducido por la Policía tras ser detenido, saltó del vehículo y se arrojó por un terraplén, de donde escapó de las autoridades. Aunque se escondía en México, fuentes antiterroristas lo relacionaban con el *aparato de logística* de Eta, debido a que realizaba algunos viajes a Europa, con documentación falsa.

Arrieta fue entregado por las autoridades mexicanas el 17 de enero de 2000 y condenado por asesinato por un juez de la Audiencia Nacional. En la actualidad se encuentra detenido en el centro penitenciario de Jaén. Entretanto, Gracia Morcillo Torres, nacida el 15 de marzo de 1967 en San Sebastián, huyó a Francia en marzo de 1996, tras la detención de Valentín Lasarte Oliden. Gracia está incluida en la lista de terroristas más buscados, aprobada por la Unión Europea en 2001.

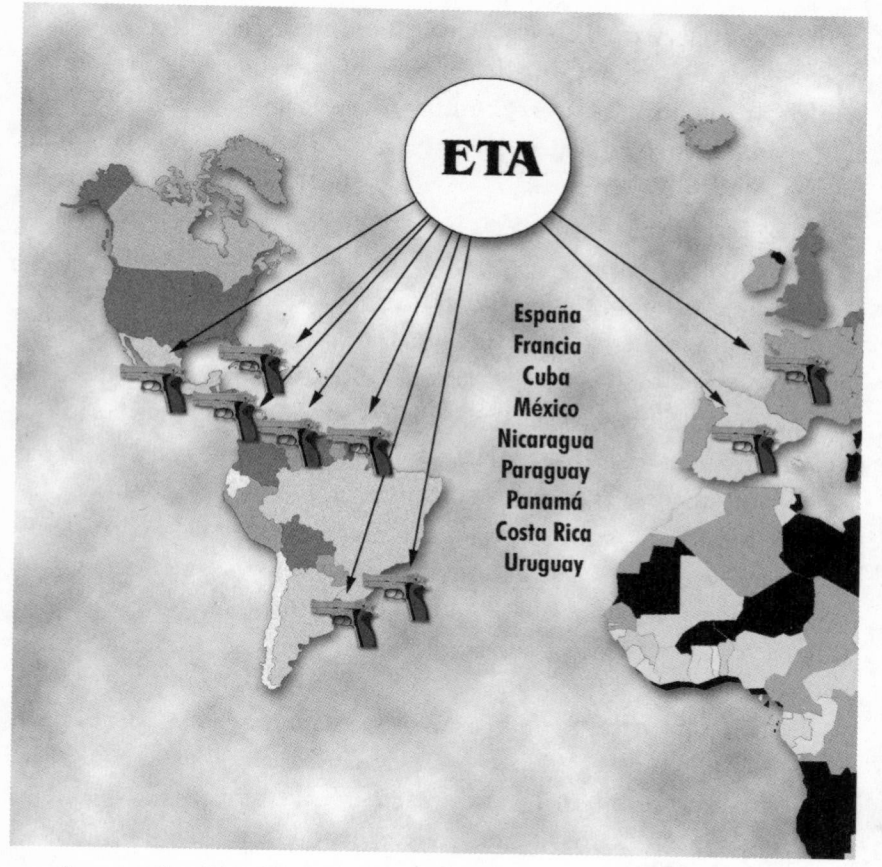

Lugares donde se ha detectado la presencia activa de células *etarras*.

En la declaración Spinello aseguró que:

—Dos chicas jóvenes, correos españoles, envían cocaína todas las semanas a los grupos criminales italianos. Después llega una mujer, que representa al grupo, recoge el dinero de las distintas familias y toma nota de más encargos.

Respecto a la mujer que contactaba con el clan italiano tras realizarse las entregas, identificada como Gracia Morcillo, Spinello recordó que la conoció a principios de 1999 en un restaurante de Milán, donde estuvieron presentes Felice Bonetti, dirigente del *clan Genovese*, Carmine Taccone, la mujer y sus guardaespaldas.

—Se hacía llamar María o Lucía, era una mujer muy bella, bien vestida y de modos refinados—, dijo Spinello y agregó:

—Estuvo invitada por Bonetti en Montemarano, durante siete, ocho o diez días.

Spinello también aportó detalles acerca de la entrega de droga que realizaron los *correos españoles* y que motivó la reunión en Milán. Felice Bonetti me dijo:

—Me tienen que llegar ocho kilos de cocaína de España. Él llamaba *ala de mosca* a la cocaína que tenía que llegar de España. Tenía que ir a Milán a una cita en la zona militar, y dicha zona está cerca de Taccone. Tenía una cita en un hotel, en la provincia de Milán. (...) Llegaron dos *correos* españoles que tenían la droga (...); se trataba de dieciséis paquetes de medio kilo cada uno.

Respecto a esta entrega, Spinello aclaró que Taccone llamó a Amedeo Genovese, diciéndole que la cocaína no era buena, que no era apta para su mercado y que traería problemas. Por otra parte, aseguró que Bonetti le propuso ir a España a formar parte de esta organización durante ocho o nueve meses, con lo cual traería a Italia cuatro o cinco mil millones de liras, pero para el efecto debería cometer actos terroristas en nombre de Eta.

Al respecto, el diario *El País* de Madrid publicó declaraciones del ministro del Interior, Jaime Mayor Oreja, en las que afirmó que Eta es una auténtica mafia que tiene contactos con organizaciones semejantes dedicadas al comercio ilegal de drogas y a la prostitución.

Las primeras sospechas aparecieron en 1995, porque Juan José Rego Vidal, miembro de la organización independentista vasca, implicado en un intento de asesinato contra el rey Juan Carlos I, se encontraba bajo investigación policial por *lavado de dinero*.

Después las autoridades encontraron nuevos indicios tras el arresto del *etarra* Emilio Arrizabalaga Ruiz, implicado en el secuestro del funcionario de prisiones José Antonio Ortega Lara y siete delitos más. El terrorista resultó ser propietario de grandes inversiones inmobiliarias en la costa mediterránea española, en donde ya estaban establecidas las mafias italianas y las rusas, que contactaron a los *etarras* con los traficantes de armas y drogas.

Según confirmaron las autoridades españolas, los terroristas vascos disponen de diversas sociedades de cobertura, a través de las cuales perciben ingentes sumas de dinero y a la vez *blanquean* recursos monetarios procedentes del secuestro.

Arrizabalaga, vasco de 47 años de edad, constituyó en 1987 la sociedad Suberoa, que incluso inscribió en el Registro Mercantil de Madrid, la cual se convirtió en un imperio inmobiliario en la zona de Gibraltar, en donde ya operaban las citadas mafias. Asimismo, en un refugio a pocos kilómetros de la localidad de Burgos, en donde fue liberado Ortega Lara, la Guardia Civil, encontró 177.000 dólares que formaban parte del botín utilizado por los secuestradores.

Pocos meses después, en una sorpresiva operación antilavado de dinero, la policía española detuvo en el País Vasco a Ignacio María Mallagaray, director de auditoría interna de la Caja Laboral Popular, entidad financiera del Grupo Mondragón Corporación Cooperativa, una de las más importantes empresas vascas, por su presunta relación con el entramado financiero del grupo terrorista, al haber utilizado su cargo para alertar a sospechosos de ser colaboradores de Eta cuando se iniciaban investigaciones judiciales y policiales sobre sus personas o bienes.

El Grupo Mondragón, localizado a la cabeza de la actividad industrial del País Vasco, es uno de los más dinámicos de la industria española, ejemplo en el cooperativismo mundial, y nunca ha sufrido amenazas ni atentados terroristas.

—Casi a su pesar Eta entró en el tráfico de drogas y en la incitación a su consumo, mientras las fuerzas del orden que la combatían recurrieron al contrabando para llevar a cabo su misión—, sostiene un informe divulgado hoy por el Observatorio Geopolítico de las Drogas (*Ogd*), Ong francesa que, desde 1992, publica informes sobre la droga.

Ogd asegura que en los años 80, cuando Eta empezaba a sufrir problemas económicos y la confluencia entre el tráfico de armas y de drogas se aceleraba, a pesar de ciertas reticencias en un principio, los terroristas encontraron en el narcotráfico un medio para detener la caída de sus ingresos.

El informe cita a un ex-responsable del aparato político-militar internacional de Eta, que asegura que la banda se vio obligada a comprar drogas si quería adquirir armas, quien aseguró que:

—Un día te dicen: te voy a vender 50 pistolas marca Browning, pero debes comprarme al mismo tiempo un kilo de heroína. Esto supone un serio problema ético, pero los que dependen de ti esperan las armas porque hacen la guerra.

El estudio añade que, después de la escisión de 1982, Eta militar heredó los contactos internacionales que había tenido Eta político-militar. A partir de entonces esta actividad obligada acabó siendo voluntaria, según la Ogd[83].

El informe destaca que la detención de destacados simpatizantes de Eta en relación con el tráfico de estupefacientes y las coincidencias en el estilo de atentados en Colombia y en España, o en las redes de blanqueo de dinero utilizadas por narcotraficantes y Eta, revelan una estrecha relación entre las dos organizaciones clandestinas, pues Eta ha contribuido importando al mercado vasco grandes cantidades de droga, en particular de heroína.

Otros indicios, que apuntan a demostrar la cercanía de Eta con las bandas de narcotraficantes internacionales, quedaron evidenciados en un comunicado producido por una Ong, proclive a los *etarras* con sede en Bilbao, España, quienes el 3 de noviembre de 2003, difundieron por Internet un extraño *llamamiento de solidaridad del pueblo vasco* con la lucha de campesinos cocaleros peruanos, por la defensa de la que llamaron *planta sagrada de la coca* y contra la detención de Nelson Palomino, indígena vinculado por los organismos de seguridad peruanos como líder de un grupo de productores y traficantes de coca en la Amazonía.

La singular manifestación de solidaridad intercontinental, redactada con términos en los que confluyen la verborrea bolivariana de Chávez en Venezuela, el lenguaje marxista de las Farc y los planteamientos de tipo social de Ong´s europeas proclives al ideario narco-subversivo, invocó al sentimiento de indígenas quechuas y aymarás, en el preciso momento que tomaron fuerza las marchas cocaleras en Bolivia que culminaron con la renuncia del presidente de la república boliviana, y con las evidencias de la cercanía de

---

[83] Ogd ilustra el consumo de drogas entre la juventud vasca con una encuesta publicada por la Fundación Santa María que revela que los jóvenes vascos consumen el doble de sustancias ilícitas que los del resto de España.

Chávez con la idea de crear una república Aymará independiente y anti-norteamericana.

Con el trillado pretexto de que la coca no es cocaína, los manifestantes pidieron la inmediata liberación de Nelson Palomino, autorización del cultivo libre e industrialización de la hoja de coca, declarándola patrimonio nacional, con la consecuente, inmediata y definitiva suspensión de fumigaciones destinadas a la erradicación de la planta en toda la zona andina.

Por la misma época, la revista francesa *Politique Internationale* publicó el artículo titulado *Droga y terrorismo: lazos de sangre*, escrito por Alain Labrouse[84], quien aseveró que, si los atentados del 11 de septiembre de 2001 pusieron de manifiesto los vínculos de un Estado exportador de estupefacientes, Afganistán, y de una organización terrorista, Al Qaeda, dicho descubrimiento no debía ocultar las complejas relaciones entre droga y terrorismo.

De Irlanda del Norte a Sri Lanka, pasando por Colombia y España, estos vínculos forman una relación ambigua en la que la política se confunde con el crimen organizado:

> —Los movimientos de insurrección urbana, como la organización separatista vasca Eta, recurren esporádica o regularmente al comercio de sustancias ilícitas para procurarse armas. Por su parte, las guerrillas rurales tienden a establecer una relación permanente con el narcotráfico, como las Farc. Esta organización obtiene su financiación de la producción procedente de los territorios que controla.

La ubicación geo-estratégica de España y la importancia geopolítica de este país dentro de la comunidad europea indica que el trán-

---

[84] Periodista-investigador, ex-presidente del Observatorio Geopolítico de las Drogas, autor de *La Planète des Drogues*, Seuil, 1993; *Géopolitique et Géostratégies des Drogues*, Económica, 1996; *Dictionnaire Géopolitique des Drogues*, De Boeck, 2002.

España es la puerta de entrada hacia Europa del narcotráfico proveniente de Latinoamérica y África

sito de los narcóticos, cada vez más controlados por las Farc desde Colombia, Costa Rica, Panamá, Ecuador, Venezuela, Paraguay, Chile, Argentina, las selvas de Brasil, las Guyanas y México, es un puntal de análisis y un elemento de importancia para las autoridades internacionales encargadas de la lucha contra el narcotráfico, en un mundo separado por distancias geográficas, pero interactuante por la globalización de la economía, la cibernética, el comercio sin barreras y la habilidad de los narcotraficantes, para ingeniar todos los días, audaces métodos para introducir los cargamentos de alcaloides y *blanquear* dinero en la banca internacional[85].

[85] Ogd afirma que la Unión Europea es el mercado de drogas más importante del planeta y España, su principal puerta de entrada de estupefacientes, debido a su situación

Por España, convertido en una especie de *portaaviones de las drogas*, transitan cargamentos de marihuana, cocaína y heroína, que van camino hacia otros países europeos, porque las actividades ilícitas están cada vez más relacionadas entre sí en el planeta, situación visible en África austral, en el Cáucaso y en los Balcanes.

En un sentido similar, el Ogd alude a las organizaciones criminales colombianas, algunas de las cuales se han establecido en España, o han generado amplios contactos entre los inmigrantes suramericanos y mexicanos residentes en la península ibérica.

—En algunos casos, las organizaciones criminales asentadas en países del tercer mundo como Colombia y Jamaica, o situados en la periferia de las zonas desarrolladas, como Marruecos, México, Turquía, Albania y Kosovo controlan una parte no despreciable de la distribución minorista en los países ricos.

De las más de 1.000 toneladas de coca que salen al año de los diferentes puntos de distribución ubicados en las selvas de la Amazonía, el 50 % llega a Europa por la vía de España y Alemania, para luego ser distribuidas por extensas redes de traficantes en Francia, Holanda, Inglaterra, Italia, Turquía y Grecia, con el ingrediente que antiguos funcionarios de los departamentos de guerra política o promoción propagandística del Kremlin, en años anteriores conectados con movimientos terroristas del mundo occidental y ahora inmersos en el tráfico de estupefacientes y armas, contactan con las Farc por medio de la Eta, intelectuales franceses de izquierda o anarquistas italianos y griegos.

---

geográfica, proximidad a Marruecos, vínculos tradicionales con Latinoamérica y la importancia del turismo internacional

Aunque no son públicas otras pruebas fehacientes de la inmersión de Eta en narcotráfico, la favorabilidad que los *etarras* prestan a las Farc para que desarrollen el trabajo político, financiero y el entrenamiento militar, tiene costes muy bien pagados, con dinero recibido del narcotráfico y el secuestro de ciudadanos colombianos y extranjeros, cometidos por las guerrillas de las Farc en la zona andina.

La visita del presidente colombiano Álvaro Uribe Vélez a Europa a principios de 2004, torpedeada por sesgados activistas de derechos humanos y despistados parlamentarios europeos, demostró una vez más que en el viejo continente las guerrillas latinoamericanas han consolidado redes de apoyo ideológico y organizativo, por medio de organizaciones no gubernamentales (Ong´s), desinformadas o, lo que es más grave, manipuladas por las guerrillas y en algunos casos financiadas con dinero derivado del narcotráfico o el secuestro, hábilmente escondido o disfrazado mediante figuras de apoyos humanitarios, que por razones obvias impiden la identificación del origen de los fondos y la verdadera intención de cada Ong infiltrada[86].

Persiste, dentro de algunos sectores izquierdistas europeos, la anacrónica idea de apoyar ideológica, política y financieramente a los guerrilleros de las Farc, vistos por muchos de ellos como *campesinos pobrecitos*, perseguidos por el imperio norteamericano, según su óptica, verdadero causante de los males de los países del Tercer Mundo. En esos escenarios reciben solidaridad de organizaciones francesas, noruegas, suecas, danesas y de activistas de derechos humanos, desinformados y desconocedores de la realidad colombiana.

---

[86] Por una extraña coincidencia, la mayor parte de las organizaciones de fachada utilizadas por Osama Bin Laden para encubrir fondos de Al Qaeda son organizaciones no gubernamentales con carácter humanitario.

Relaciones de las Farc con el Ira de Irlanda

Las evidencias de la cercanía de las Farc con el Ira surgieron a partir de la captura de los irlandeses James Monaghan, Martín McCauley y Neil Connolly, que viajaban dentro del territorio colombiano con pasaportes falsos, a la vez que las autoridades les hallaron residuos de material explosivo en las vestimentas y pertenencias personales. Los tres europeos fueron acusados por los organismos investigadores colombianos como delincuentes que entrenaron guerrilleros de las Farc en el empleo de artefactos explosivos, con la circunstancia agravante de que diversos organismos de inteligencia de Irlanda y el Reino Unido confirmaron que los tres individuos pertenecían al Ira[87].

Otras informaciones apuntan a demostrar que James Monaghan fue quien diseñó un mortero de fabricación casera, utilizado por el Ira en territorio europeo (conocido con el nombre de Mark I), producido a principios de la década de los 70 con apoyo del gobierno libio, fecha desde la que se ha utilizado en diversos actos terroristas en Irlanda del Norte. La efectividad de este arma dio el sobrenombre de *Mortero Monaghan* a su creador. Posteriormente se estableció que los morteros hechos por las Farc reunen las mismas características de los Mark I.

De Connolly se calcula que inició contactos con la Eta desde 1996, por medio de los *etarras* españoles, además de ser recibido en Cuba por el régimen dictatorial castrista como delegado oficial del Sinn Fein, brazo político del Ira. Pero para lavar la imagen de su partido político, Gerry Adams, presidente del Sin Feinn, aseguró en

---

[87] Tom Sackuille, secretario de Estado británico para asuntos de Terrorismo y Narcotráfico, admitió en Madrid que existían vínculos entre Eta y el Ira, a la vez que se comprometió a prestar ayuda de inteligencia e intercambio militar a España en la lucha antiterrorista y la persecución al narcotráfico y el blanqueo de dinero en Gibraltar.

Durante un acto público, integrantes del IRA (Ejército Republicano Irlandés) disparan sus pistolas al aire. Sólidas pruebas demuestran la cercanía de este grupo con ETA y las Farc.

público que ese nombramiento había sido hecho sin su consentimiento.

Los tres irlandeses presentaron versiones encontradas para justificar la presencia en Colombia. Primero se declararon turistas ecológicos y luego aseguraron estar empeñados en un seguimiento al proceso de paz en el país, con el fin de intercambiar experiencias de lo sucedido en Irlanda del Norte.

A partir de la época en que se presume que las Farc recibieron la instrucción especializada en la colocación de coches-bomba y la comisión de refinados actos terroristas, se encontraron evidencias técnicas de que los guerrilleros colombianos utilizan métodos similares a la Eta de España y el Ira de Irlanda, e incluso el mismo tipo de explosivos contra blancos similares.

Los servicios de inteligencia británica calculan que el Ira recibió mas de dos millones de dólares pagados por las Farc en retribución por el entrenamiento brindado a los *explosivistas* en el Caguán, cifra que al mismo tiempo consideran moderada, habida cuenta de que los guerrilleros colombianos perciben cerca de un billón de dólares al año por actividades relacionadas con el narcotráfico, el secuestro y el terrorismo.

De todas formas, juzgan los agentes británicos que la importante suma, como incentivo económico, para el funcionamiento de los brazos político y armado de Ira los habría convencido de la necesidad de hacer negocios con los guerrilleros suramericanos, en especial porque los servicios de inteligencia rusos advirtieron que detrás de ese contacto se movía la posibilidad de un embarque de fusiles de asalto AN-94 con destino a las Farc.

Evaluados los pros y los contras, la dirigencia del Sin Feinn concluyó que la antigua zona de distensión era el espacio ideal para la transferencia de tecnología terrorista, libre de cualquier interferencia de las autoridades colombianas, debido a que el gobierno de Andrés Pastrana Arango había concedido 42.000 kilómetros de selva desmilitarizada a las guerrillas para negociar con ellas la paz de Colombia, pese a que en realidad este territorio se convirtió en un espacio liberado para fortalecer el andamiaje político y armado del cártel de las Farc[88].

Por esa razón, el Ira se arriesgó a poner en duda la credibilidad que de ellos tenían los Estados Unidos, pero al ser detectados y comprobar por medio de la embajada norteamericana en Bogotá que los tres irlandeses sí entrenaron terroristas colombianos, creció la preocupación del Departamento de Estado en Washington, debido a la inmersión de las Farc en el tráfico de coca y heroína, y su probada cercanía con los fundamentalistas musulmanes.

---

[88] Los activistas del Ira enseñaron a las Farc a fabricar eficaces minas antipersonales, al bajo costo de 80 centavos de dólar cada unidad.

En ese sentido el general James Hill, comandante del Comando Sur del Ejército de Estados Unidos acantonado en Miami, aseveró que:

–La captura de los tres irlandeses significa la viabilidad de la amenaza terrorista contra Latinoamérica, aún antes del 11 de septiembre y la convierte en un potencial serio riesgo para la seguridad nacional de los Estados Unidos y los vecinos del hemisferio.

–Si el Ira, uno de los más peligrosos grupos terroristas del mundo, de verdad entrenó a las Farc, quiere decir que el riesgo se multiplica exponencialmente. Los cargos deben ser investigados al detalle y no de manera selectiva, para evitar el riesgo de la polinización de todos los grupos terroristas en el planeta, como lo demuestran incidentes en los que aparece relacionado Al Qaeda.

RELACIONES DE LAS FARC CON TERRORISTAS ISLÁMICOS

EXISTÍAN INDICIOS INICIALES DE UNA EVENTUAL RELACIÓN entre las Farc y Al Qaeda, pero no había mayores avances para esclarecer la verdad. Dos hechos concretos dieron luces para entender mejor el problema y atar cabos sueltos. El hallazgo de documentos escritos en idioma árabe en las caletas del Negro Acacio en el Vichada, sumada a la extraña aparición de una empresa iraní procesadora de carne de vacuno, con el interés de instalar una subsede en Cartagena del Chairá, donde a la vez las Farc proponían al gobierno colombiano desmilitarizar la zona para realizar un experimento piloto de erradicación manual de cultivos de coca.

Llamaron la atención varios asuntos puntuales, tales como que Irán no es un país que produzca ganado vacuno en cantidades industriales como Brasil, Argentina o Estados Unidos, y por tanto no tiene experiencia en ese campo, pero en cambio las mafias de narcotraficantes rusos y comerciantes ilegales de armas tienen asidero en Irán, enemigo mortal de los Estados Unidos, con la circunstancia agravante de que todo tipo de empresas multinacionales son uno de los sistemas de fachada para el funcionamiento de Al Qaeda. Y, lo más grave, la idea coincidía en zona cocalera, controlada por las Farc, sumada al hallazgo de los documentos escritos en idioma árabe en otra parte de la selva colombiana.

Otro puntal para atar cabos de la alianza secreta de las Farc con las redes de Al Qaeda, fue el hallazgo de algunos nexos entre las Farc y el autodenominado Ejército Republicano Irlandés (Ira), los cuales produjeron reacciones en las agencias antiterroristas internacionales, que, con sólidos argumentos, recabaron una vez más que existen nexos entre las organizaciones islámicas que dirige Osama Bin Laden y las guerrillas colombianas.

Como ya se dijo, durante los últimos 20 años las Farc han contratado terroristas de diversas nacionalidades, entre ellos el Ejército Republicano Irlandés (Ira), con la asesoría de militares retirados de diversos países comunistas o ex-comunistas[89].

Al respecto, el 3 de marzo de 2004, el general James Hill del Ejército de los Estados Unidos, comandante en jefe del Comando Sur de ese país, fue más allá de las suposiciones lógicas y aseveró que:

> —El narcoterrorismo es una fuerza de destrucción penetrante que afecta a todos los países de la región. Existen nexos entre las guerrillas latinoamericanas y las organizaciones terroristas trasnacionales, incluidas el Ira de Irlanda,

---

[89] La participación del Ira en el entrenamiento a terroristas de las Farc constituyó un duro golpe a la aceptación política que esta agrupación tenía en algún sector de opinión pública en los Estados Unidos.

Hezbollah, Hamas, Islamiyya Al Gama'at de Palestina y Eta de España, cuyos contactos operan en lugares tales como el área de la triple frontera entre Argentina, Brasil y Paraguay, y en la isla venezolana de Margarita. Esos grupos generan centenares de millones de dólares mediante el tráfico de drogas y armas para financiar acciones terroristas en todo el planeta. Para decirlo en términos simples, la venta directa de drogas y el lavado de dinero, financian operaciones terroristas en todo el mundo. Ese es un hecho, no una especulación.

El Musulmán. **Terrorista de las Farc, convertido al Islam, y encargado de adoctrinar menores de edad en acciones suicidas. Experto en el empleo de explosivos, acciones urbanas y organización de empresas-tapadera. Tomó contacto con los terroristas de Medio Oriente y las mafias rusas por medio de comerciantes árabes en Maicao.**

—La amenaza contra los países de la región no procede de la fuerza militar de un vecino o de una potencia extranjera invasora. Más bien, el enemigo de hoy es el terrorista, el narcotraficante, el traficante de armas, el falsificador de documentos, el cabecilla del crimen internacional y el que *lava dinero*. La nueva amenaza no respeta límites geográficos ni morales. La comunidad hemisférica debe actuar en concierto para impedir la proliferación continua y corrosiva del narcoterrorismo y sus conexiones con los terroristas internacionales y transnacionales, las armas, las drogas y otras amenazas insidiosas.

Las graves acusaciones, o quizás advertencias, del general norte-americano se fundamentaron en el seguimiento de inteligencia militar a hechos concretos tales como el atentado contra la embajada de Israel en Argentina en 1992, la toma de rehenes en la embajada japonesa en Lima, perpetrado por terroristas del Movimiento Tupac Amarú, y la constante refinación de la metodología de las guerrillas colombianas, basándose en contactos con delincuentes europeos y asiáticos.

Acusadas de controlar y desde luego *tributar con impuestos revolucionarios* toda la producción y exportación de látex de amapola y heroína salida de Colombia, las Farc recurren a las redes internacionales de narcotraficantes colombianos, contactados por guerrilleros no combatientes que negocian con los mafiosos, y así evitan comprometer en los negocios ilícitos de armas y drogas realizados en el exterior a integrantes de la organización terrorista. En ese sentido, aprendieron de Eta a sacar las brasas con la mano de otro.

Un fuerte indicio de las relaciones por conveniencia de los fundamentalistas musulmanes con las Farc, es que Mohamed Enid Abdel Aai, integrante de la red Al Qaeda, participante en el atentado terrorista cometido contra 80 turistas occidentales en Luxor, Egipto, en 1997 y más tarde ligado con los ataques terroristas de las *Torres Gemelas* en Nueva York, entró en 1998 a Colombia con un pasaporte falso.

Tan pronto fue identificado como miembro de la organización extremista Al Gama Al-Islamya, fue arrestado por las autoridades colombianas y deportado al Ecuador cuando pretendía contactar con miembros de las Farc para concretar negocios de armas y drogas, lo cual confirmó informaciones en poder de las autoridades colombianas, de que más de 100 miembros de grupos radicales islámicos de Irak, Irán y Afganistán, tienen nexos desde mediados de la década de los años noventa con organizaciones criminales suramericanas del narcotráfico y la guerrilla.

Las sospechas de los nexos de los terroristas musulmanes con sus similares colombianos se incrementaron después del 11-S, cuando el *mono Jojoy*, segundo cabecilla de las Farc, hizo un llamamiento público a los guerrilleros para atacar sin misericordia en Colombia objetivos económicos de los Estados Unidos, para las Farc convertidos en *objetivos militares*.

Por la misma época, los servicios de inteligencia norteamericana detectaron que algunos terroristas musulmanes consiguieron documentos de identidad en Argentina para entrar en los Estados Unidos con nombres cambiados, averiguaciones que dieron nuevas pistas a los investigadores de la Cia para establecer nexos y contactos directos de las organizaciones fundamentalistas musulmanas con traficantes de narcóticos y armas para Latinoamérica.

En otro escenario, la policía colombiana denunció que varios afganos, relacionados con el régimen talibán dedicado al tráfico de heroína, ingresaron en Colombia como turistas con pasaportes falsos expedidos como si fueran ciudadanos pakistaníes, e incluso quedó

Por conveniencia, para combatir contra la civilización occidental, los terroristas islámicos se aliaron con las Farc por medio del tráfico de narcóticos y de armas.

demostrado por las agencias colombianas antinarcóticos que la metodología de cultivo, procesamiento y envío de la amapola, el látex y la
heroína es similar a la utilizada por los traficantes afganos en Asia, con
quienes coinciden hasta en los mismos mercados, por medio de las
mafias rusas y los terroristas europeos.

A finales de septiembre de 2001, el *FBI* capturó en Miami a tres
hombres de nacionalidad iraquí, acusados de traficar armas quienes,
de manera curiosa, acababan de pasar dos meses en las selvas del
Caguán, donde, por esa época, las Farc tenían un santuario, concedido por la laxitud de la administración Pastrana Arango.

Al mismo tiempo, otros tres iraquíes acusados del mismo delito
fueron arrestados en Chile. Es evidente que los detenidos realizaban
transacciones comerciales ilegales de armas por drogas y dólares con
los terroristas colombianos, a pesar de que ya se había destapado el
escándalo del peruano Vladimiro Montesinos, implicado en la compra de 10.000 fusiles Ak-47 para las Farc.

En conclusión, por medio del tráfico de las drogas ilícitas, los
guerrilleros colombianos han tenido contactos y aproximaciones con
los terroristas de Al Qaeda, dentro de los proyectos de mutua conveniencia para atacar al mismo enemigo, para unos capitalista y para
otros *infiel* religioso, pero en esencia para la lógica conspirativa de
ambos, causante de los males del Tercer Mundo.

El 11 de Septiembre de 2003, Antonio María Costa, director de
la Oficina contra la Droga y el Crimen de las Naciones Unidas
(Onudc), resaltó en conferencia de prensa concedida en la sede de
la Otan en Bruselas:

—Podríamos estar en el comienzo de un proceso que con-
ducirá a la creación de cárteles de narcotráfico. Por lo tanto
hago un llamamiento a las fuerzas militares internacionales
de la Alianza Atlántica, desplegadas en Afganistán, para que
se impliquen en la lucha contra el tráfico de droga y contra

los traficantes de opio en ese país.... Es necesario empezar a frenar este proceso de gangrena, puesto que parte de los ingresos del tráfico de droga va destinado a los terroristas que se encuentran en el sur de Afganistán, recursos con los que los señores de la guerra compran armamento y alimentan a sus guerrilleros[90]–.

Asimismo, destacó Costa que en 2002 se produjeron 3.400 toneladas de opio en 74.000 hectáreas de terreno afgano y que el cultivo generó ingresos por un total de 1.200 millones de dólares –cerca de 1.025 millones de euros–, mientras que los traficantes obtuvieron ganancias del orden de 2.500 millones de dólares, equivalentes a más de 2.130 millones de euros. Esta cantidad contrasta con los 1.300 millones de dólares –más o menos, 1.110 millones de euros–, que la comunidad internacional destinó el año pasado para ayudar a Afganistán, añadió el alto funcionario de las Naciones Unidas.

Luego, Costa resaltó que:

–uno de los motivos del aumento de los ingresos se debe a la fuerte subida de los precios, multiplicados por diez, dado que ahora un kilogramo de opio cuesta unos 350 dólares –más de 298 euros–; pero los cultivos alternativos al opio no son una verdadera solución, dado que un agricultor prefiere ganar 350 dólares por un kilogramo de opio, que un dólar por un kilo de trigo[91]–.

---

[90] www.libertaddigital.com, 12 de septiembre de 2003. La evidencia documentada indica que la mayoría de los llamados *señores de la guerra* está implicada en la *lucha de poder por la droga a gran escala,* que se registra en Afganistán, en cinco provincias del país.

[91] Igual sucede en Colombia, donde el campesino prefiere ganar 800.000 pesos mensuales (320 dólares) por cultivar o raspar hoja de coca, que recibir apenas uno o dos dólares diarios por trabajar de sol a sol, con la duda que no sabe si su producto va a ser comprado en el mercado, o por lo menos pagado a buen precio.

En junio de 2003, el periódico *El Universal* de Cartagena Colombia, reveló que durante el seminario de los Servicios Iberoamericanos de Inteligencia, organizado por el Departamento Administrativo de Seguridad (*Das*), entidad civil de seguridad secreta en Colombia, se confirmó que en 2001, México fue sede de un encuentro de militantes de Al Qaeda con grupos terroristas de Venezuela, Bolivia, Perú y Ecuador, con el fin de tejer contactos.

Representantes de 20 países iberoamericanos reunidos en Cartagena precisaron que la presencia musulmana estaría en México, Perú y República Dominicana, a la vez que señalaron que en Perú está comprobada la infiltración de Al-Qaeda, dentro de un grupo de 700 paquistaníes que viven al sur del país, en la frontera con Chile. Respecto a República Dominicana, coincidieron que algunos estudiantes originarios de Medio Oriente son sospechosos de tener vínculos con esa red.

Como invitado especial a la reunión realizada en Cartagena, estuvo el británico Gordon Thomas, experto en temas de inteligencia, autor de los libros *Mossad, la Historia Secreta* y *Las Torturas Mentales de la CIA*. Thomas que aseguró que miembros de Al-Qaeda y de las Farc mantienen contactos en Madrid y en otros lugares de Europa para formar una red terrorista en Sudamérica, y agregó tener información de inteligencia, según la cual delegados de las Farc se entrevistaron en Madrid, España, con enviados del grupo terrorista musulmán, que después entraron desde Venezuela, acompañados por los servicios de espionaje de China, con quienes tienen contactos desde hace más de dos años.

Además Thomas, cuya credibilidad en análisis de asuntos estratégicos y contraterrorismo es reconocida a escala mundial, dijo que comparte las denuncias de las autoridades colombianas sobre la connivencia de funcionarios oficiales de Caracas con la guerrilla de Colombia, y aseguró que en las selvas venezolanas hay varios campamentos guerrilleros de las Farc y el Eln, protegidos por organismos de seguridad de ese país.

Agregó que los servicios secretos británicos poseen documentos sobre los nexos de Al-Qaeda con las Farc. Precisó que en Arabia Saudita se encontraron pruebas escritas en posesión de un militante de Al-Qaeda, que demostraron contactos con las Farc, en mayo de 2003. Esto corrobora los nexos de Al Qaeda con Eta y el Ira, puentes de las reuniones de las Farc con los terroristas musulmanes.

Las evidencias sobre los nexos de las Farc con grupos armados y mafias de por lo menos 18 países demuestran cuáles son las conexiones transnacionales terroristas. La policía internacional, *Interpol*, también actúa en el mismo sentido. Tras la detención de los tres miembros del Ira en Colombia, uno de ellos procedente de La Habana, este servicio policial entregó a su oficina en Colombia 200 circulares rojas, en las que aparecen los datos de igual número de terroristas internacionales que podrían estar en Colombia asesorando a las guerrillas.

En la lista aparecen croatas, yugoslavos, paquistaníes, turcos, israelíes, españoles, cubanos, italianos, estadounidenses, holandeses, camboyanos, irlandeses y alemanes, entre otras nacionalidades. Muchos de ellos, además de estar vinculados con el tráfico de drogas o armas, tienen antecedentes relacionados con crímenes de guerra.

—En materia de terrorismo, las Farc son como una esponja internacional. Tienen el dinero y la droga suficientes para pagar el armamento más sofisticado, entrenamiento y la más alta tecnología en comunicaciones y terrorismo. Son una guerrilla rica con ideología marxista y mentalidad leninista—, afirmó un alto oficial del Ejército de los Estados Unidos.

La extensa colonia musulmana residente en el puerto libre de Maicao, porosa frontera entre Colombia y Venezuela, lugar donde hace más de cuatro décadas pululan contrabandistas, narcotraficantes, delincuentes organizados, falsificadores de dinero y mercancías, sirvió de excelente punto de encuentro para terroristas de Hezbollah y cabecillas del bloque norte de las Farc encabezados por Simón Trinidad, con el propósito de negociar armas, entrenar expertos en explosivos y coordinar movimientos de lavado de dinero, oro y diamantes en Panamá, Costa Rica, y las Bahamas. Esto explica en parte la guerra a muerte por el control de los llamados *sanandresitos* que tienen las Farc y las autodefensas.

RELACIONES DE ETA CON AL QAEDA

LOS SERVICIOS DE INTELIGENCIA BRITÁNICO E ISRAELÍ descubrieron, a principios de la década de los 70, la cercanía entre Eta de España y el Frente para la Liberación Palestina, además de desenmascarar la incidencia de Eta en los contactos de Ira con el régimen Mohammar Khadaffy, y la participación de combatientes *etarras* en los campos de entrenamiento militar de la Yihad Islámica en el Valle de Bekka en Líbano.

Para corroborar los lazos clandestinos de unos y otros, una delegación de Eta visitó Teherán, entre el 1 y el 11 de febrero de 1985, para participar en la reunión anual de movimientos anti-imperialistas, conocida como *The Ten Days of Dawn*, durante la celebración de la victoria de la revolución islámica de 1979. Siete años más tarde, en París, la policía francesa identificó al funcionario diplomático iraní Vahid Gorji como el enlace de los terroristas musulmanes con la Eta, pero por ser miembro de un cuerpo consular no fue puesto a disposición de las autoridades españolas, sino deportado de Francia.

En 1993, Eta participó con otros 12 grupos terroristas occidentales en una cumbre realizada en Jartún, Sudán, a la cual asistió Osama Bin Laden. En 1998 la policía española arrestó al funcionario iraní Rahman Dezfouli, acusado de tener nexos con Eta, pero, igual que en el caso de Gorji, fue dejado en libertad por tener inmunidad diplomática.

Al adentrarnos en el estudio de algunos documentos y comunicados producidos por Eta durante los últimos años, se vislumbran expresiones escritas de simpatía pro-musulmana, inclusive la desaparición de Israel del mapa del Medio Oriente y la erradicación del imperio norteamericano del mundo.

Mientras tanto y en reciprocidad manifiesta, la literatura de Al Qaeda ha insistido en la *grandeza de la lucha separatista vasca*, e inclusive Ayman al-Zawahiri, lugarteniente directo de Osama Bin Laden, ha hablado de la liberación de Andalucía, parte de España que alguna vez fue gobernada por los musulmanes.

En ese orden de ideas, desde hace varios años extremistas marroquíes amenazan al gobierno español por haber vendido el Sahara español a Marruecos, a la vez que se oponen al gobierno islámico en Ceuta y Melilla. Otros fundamentalistas consideran injusta la expulsión musulmana de la península ibérica ocurrida en el siglo XV, sentimiento que está reflejado en la temática de enseñanza escolar en los centros educativos del Medio Oriente.

Aunque algunos analistas especulan al aseverar que es imposible que exista una alianza entre izquierdistas de Eta y derechistas nacionalistas musulmanes, la verdad es que ambos son grupos antidemocráticos cuyas ideologías los dividen pero no los excluyen, prueba de ello es que en Afganistán e Irak grupos con ideologías opuestas se han unido por conveniencia para atacar a los *invasores* liderados por Estados Unidos.

El colapso de la Unión Soviética, principal gestora del terrorismo, coincidió con el florecimiento de diversos grupos extremistas, animados por ideales diferentes, pero coincidentes en metodologías para atacar al mismo enemigo, derivadas del comercio ilícito de drogas y armas. En el complejo desarrollo de dichos propósitos, diferentes corazones geopolíticos se convirtieron en albergue soterrado e ideal para coordinar actividades y fortalecer nexos entre los terroristas, que aún no han sido aclarados en su totalidad.

Como parte de dicha realidad, en diciembre de 2002, el investigador Tom Huheey, de *Front Page Magazine*, reveló con sólidas pruebas que, durante la década de los años noventa, la triple frontera compartida por Brasil, Paraguay y Argentina, ubicada al occidente de la populosa ciudad de Sao Paulo, fue escenario de constante actividad bélica y administrativa, en una docena de campos clandestinos para entrenamiento politico-militar de las redes de Al Qaeda, las guerrillas comunistas latinoamericanas y hasta de grupos neonazis asentados en los Estados Unidos, gracias a que en la zona están ubicadas Ciudad del Este del Paraguay y Foz de Iguazú de Brasil, pobladas en su mayoría por inmigrantes libaneses, algunos de ellos relacionados con las mafias de las drogas y el terrorismo internacional.

Protegidos por las características geográficas y las condiciones generales de la frontera trinacional, arribaron a esos campamentos terroristas vascos, irlandeses, colombianos, venezolanos, peruanos, paraguayos, miembros del movimiento bolivariano clandestino, e instructores cubanos y musulmanes, así como exguerrilleros centroamericanos expertos en técnicas de sabotaje, para constituir una silenciosa pero creciente escuela de entrenamiento integral en guerra irregular, diseminadas luego por diversos países de la misma forma como hicieron los extremistas musulmanes entrenados en Afganistán.

De acuerdo con testimonios de desertores, los terroristas fueron entrenados en técnicas para irrumpir en viviendas urbanas, destruir edificaciones, preparar y activar coches-bomba, disparar todo tipo de armas ligeras y asesinar adversarios con cuchillo. El énfasis principal del entrenamiento era actuar contra ciudadanos estadounidenses o judíos y, la prueba definitiva, perpetrar alguna acción terrorista al finalizar el entrenamiento.

La inestabilidad política, la corrupción y la pobreza existentes en la triple frontera sudamericana, facilitaron el flujo de armas, drogas y la complicidad con la presencia de los terroristas, mientras que en algunos bancos brasileños, paraguayos y argentinos se lavaron ingentes sumas de dinero que regresaron al Líbano, para financiar las actividades del grupo terrorista Hezbollah en Europa y Oriente Medio.

Las influyentes publicaciones *Tiempo* y *El Mundo* de España, informaron que, desde finales del año 2000, cabecillas de Eta y Al Qaeda se reunieron por lo menos tres veces en Bruselas, Málaga y Barcelona, para juntar fuerzas y planear acciones conjuntas, tales como el atentado contra los trenes de Atocha en marzo de 2004, el cual convenía por igual a unos y otros, pues de manera simultánea aunque con distintos intereses atacaban al mismo enemigo. Los *etarras* para impulsar el separatismo vasco y los musulmanes para vengar el apoyo de España a Estados Unidos en las guerras contra el terrorismo en Afganistán e Irak, así como la incesante persecución del gobierno español contra las redes clandestinas de Al Qaeda asentadas en la península ibérica.

La guerra de Eta, arraigada en un conflicto local, tiene amplias implicaciones, debido a que los *etarras* han tenido nexos desde hace tiempo con el Ira de Inglaterra y la Olp en Oriente Medio, al igual que con el grupo Hamas, a quienes ha proporcionado explosivos. Uno de los detenidos después de los ataques terroristas de Atocha informó que Al Qaeda no tiene nada que aprender de Eta, pero que España ocupa un lugar estratégico importante en la proyección del Islam derrotado en la península ibérica pocos años antes del descubrimiento de América, por cuya posición geopolítica podría convertirse en un epicentro del terrorismo internacional.

El abierto apoyo del gobierno del presidente Aznar contra el terrorismo islámico, indujo a los *etarras* y los musulmanes a atacar a un enemigo común. Aunque algunos analistas del tema consideran improbable cualquier tipo de unión entre los extremistas, las evidencias de la guerra del siglo XXI indican que las conveniencias temporales o coyunturales pesan más que las concepciones filosóficas.

Por otra parte, a mediados de 2004 en el Forum de Barcelona, la investigadora italiana Loretta Napoleón, aseguró que en Ciudad del Este en Paraguay existe una importante conexión entre el terrorismo sudamericano y el islámico, por medio de grupos que se unieron económicamente con Hezbollah del Líbano, los cuales participan en el blanqueo de dinero procedente del narcotráfico, la compra de casas, e incluso los narcotraficantes colombianos cercanos a las Farc, que compran verdaderos palacios en Italia, asesorados por la mafia calabresa, es decir la misma que ayuda a Eta.

Con base en serias evidencias de los nexos entre las células de Al Qaeda dirigidas por Mohammad Zouyadi en Madrid y Hamburgo, desde antes de los ataques contra las *Torres Gemelas* y el apoyo económico brindado por estos a los *etarras* del norte de España y la Hamas Palestina, los servicios de inteligencia europeos tenían informaciones según las cuales antes del 11 de marzo de 2004, Eta planeaba atacar los trenes de pasajeros en Francia o España, de la misma forma que habían intentado en diciembre de 2003, y detrás de esa hipótesis trabajaban las autoridades, pero la sorpresa la dieron terroristas musulmanes, ligados con Eta en Madrid.

Sucedidos los ataques en Atocha, los expertos David Mc Cormack y Colleen Gilbert, analistas del *Frank Gaffney's Center for Security Policy*, informaron en un documento, publicado cuatro días después por el *Jerusalem Post*, que el Grupo Islámico Armado, el Grupo Salafista de Marruecos y miembros de la Hermandad Musulmana de Siria, son células activas en territorio español, con vínculos directos y cercanía a los *etarras*.

Las informaciones que corroboran los nexos entre ambos terrorismos son inquietantes, pero están todavía por investigar con mayor profundidad. Una prueba contundente es el extraño *modus vivendi* del *etarra* Luis José Galán González, alias *Yusuf*, vinculado desde noviembre de 2001 al sumario 35/01 por el juez Baltasar Garzón, quien lo acusó de formar parte de la célula de Bin Laden, acusada de cometer robos a bancos, por actuar como soporte financiero y logístico de Mohamed Atta, líder de los pilotos suicidas del 11-S en territorio norteamericano.

Galán fue un empleado común y corriente durante 13 años, periodo en el que se vinculó al entorno del nacionalismo radical vasco, e incluso, durante las elecciones europeas de 1989, actuó como interventor de la coalición política *etarra*. Poco después se convirtió al islam con el alias de *Yusuf*, y a partir de ese momento pasó a ser ficha clave para los terroristas islámicos.

El sumario sustanciado por la Audiencia Nacional demuestra que el interventor *batasuno* es un terrorista con nivel importante dentro de la organización, pues compartía el apartamento con Najib Chaib, jefe de Al Qaeda en Madrid, considerado por el juez Garzón como *el enlace entre el 11 de septiembre y el 11 de marzo.*

Seis meses antes de los atentados de las torres gemelas de Nueva York, en un restaurante cercano al apartamento de Yusuf y Chaib, se celebró una cumbre terrorista islámica con la asistencia de Abu Abderramán, responsable de la red de Bin Laden en Europa, y de un hermano de Mohamed Chedadi, uno de los detenidos por los atentados de Madrid del 11 de marzo.

Por otra parte, entre los más de 40.000 documentos incautados por la policía en la vivienda de Yusuf, aparecen informes con instrucciones técnicas sobre cómo fabricar bombas para ser introducidas en mochilas y explotadas a través del teléfono móvil, modalidad utilizada por Eta desde antes del año 2001, empleada por Al Qaeda en los atentados de Madrid.

El periódico *Libertad Digital*, de España, única fuente periodística que realizó el seguimiento sistemático al caso, esclareció que *Yusuf* Galán era presidente de una asociación cultural islámica con sede en Asturias llamada Ibn Taymyyah, vinculada a movimientos izquierdistas, supuestos pacifistas y pro-palestinos, que coincidía con el lugar de procedencia de la dinamita utilizada en los atentados del 11-M y

Tuvieron que ocurrir los demenciales ataques terroristas del 11-S y 11-M, para que el mundo entero reaccionara ante la realidad del narcoterrorismo.

de los españoles acusados de colaborar en la matanza del 11 de marzo de 2004.

Tomará mucho tiempo aclarar los hechos de Atocha, pero lo cierto es que Europa fue advertida con hechos reales de que es blanco potencial de posibles actos terroristas, pese a la aparente paz y el florecimiento económico actuales en un mundo marcado por la inestabilidad socio-política.

En pocas horas la prensa y los partidos políticos españoles estaban divididos en conceptos acerca del ataque. Unos señalaban a Eta y otros a Al Qaeda, pero la desazón ya estaba causada y el desasosiego invadía los espíritus, atormentados por la participación de España en la guerra de Irak. Los terroristas se habían salido con la suya, y los efectos de 11-S en Nueva York se extenderían sobre Europa.

III

NARCOTERRORISMO EN LATINOAMÉRICA

EL TRÁFICO INTERNACIONAL DE ARMAS

LA COMPLEJA SITUACIÓN SOCIAL de los países latinoamericanos generó diversos conflictos por la posesión de la tierra en los años 30 y facilitó el auge de las guerrillas marxistas en la década de los 60, sin que ninguno de los dos fenómenos tuviera desenlaces concretos. En medio de la convulsa pugna de intereses, la corrupción y la consecuente inestabilidad gubernamental tomaron auge formas económicas ilegales como el contrabando, el narcotráfico y el lavado de activos, destinados a suplir los vacíos dejados por las enormes desigualdades socioeconómicas. Así nació una cultura de violencia y poder.

Combatidas por medios represivos, las guerrillas comunistas desaparecieron en Chile, Uruguay, Argentina y Perú; negociaron la desmovilización en Guatemala y El Salvador y se transformaron en Cuba y Nicaragua, mientras que la guerrilla comunista colombiana se convirtió en un fenómeno crónico perpetuado por el dinero del narcotráfico y la capacidad intimidadora del terror. Atentos a esta evolución cualitativa y cuantitativa del Eln y las Farc en Colombia, los promotores de movimientos subversivos en otros países latinoamericanos intentan revivir el ideario marxista-leninista en el continente.

EXISTE UN MERCADO INTERNACIONAL DE ARMAS ILÍCITAS, compuesto por productores, intermediarios y compradores donde se respira un ambiente de cooperación y complicidad. La finalización de la guerra fría incrementó existencias ociosas de armamento en los países de la antigua Unión Soviética, en medio de economías de guerra débiles, por tanto, la urgente necesidad de conseguir ingresos en moneda fuerte ha hecho que los anteriores miembros del bloque del Este sean reacios a acatar las restricciones impuestas por la comunidad internacional a las exportaciones de armas, lo cual implica que continuará el abastecimiento de material bélico de fabricación soviética en todo el mundo, con el argumento de que los Estados Unidos también exportan armas.

Por evidencia lógica, el tráfico de armas repercute en la situación de los derechos humanos en las zonas del planeta donde se presentan conflictos armados, al agotar los recursos necesarios para el desarrollo de las comunidades, prolongar las confrontaciones y aumentar las posibilidades de las violaciones sistemáticas.

Aunque después de Estados Unidos, Europa constituye el segundo epicentro mundial para fabricación de armas ligeras, la Unión Europea carece de normas que regulen la intermediación en el comercio de armas. La situación se complica más con el ingreso en la nueva comunidad de varios estados de Europa Central, poseedores de importantes excedentes de armamento del período soviético, pero con escaso control en la exportación de armas. A pesar de que la Unión Europea aprobó hace varios años el Código de Conducta sobre Exportaciones de Armas, esta ley no es vinculante ni rige para las actividades de los intermediarios. España, por ejemplo, no dispone de ninguna regulación de estas características.

Para sintetizar un poco el fenómeno, Ignasi Carreras, director general de Intermón Oxfam, dice que:

—Bruselas, tan activa en el control del comercio internacional a través de sus fronteras, dispone de normas y medidas más férreas para controlar el comercio de plátanos que el tráfico de armas.

Cuando la Organización de las Naciones Unidas convocó una reunión que pretendía lograr un convenio de control del tráfico ilegal de esas armas, Estados Unidos y Rusia, dos de los principales exportadores, torpedearon el evento.

En el fallido intento por suavizar el evidente boicot, el secretario general, Kofi Anan, fue tenue al asegurar al corresponsal del periódico *International Herald Tribune,* que la conferencia no pretendía privar a los ciudadanos de su *derecho a utilizar armas,* teoría defendida con vehemencia por muchos estadounidenses poderosos, sino atacar a los funcionarios corruptos, narcotraficantes y terroristas.

La subsiguiente lluvia de críticas de analistas internacionales contra Kofi Anan enfatizó que ni terroristas, ni narcotraficantes, ni otras gentes de mal vivir fabrican armas, sino que las utilizan para cometer los delitos, al comprarlas de manera ilegal a quienes las producen dentro de la legalidad.

Otros críticos adujeron que durante el año 2002, se invirtieron 839.000 millones de dólares en la fabricación de armas ligeras, dinero que serviría para encarar durante dos décadas el hambre, el analfabetismo, la falta de agua potable, la ausencia de medidas de todo el mundo.

Cada día que pasa queda más claro que la adquisición ilícita de armas ligeras en los mercados clandestinos es posible por innumerables resquicios, coladeros, boquetes y agujeros del comercio legal. Basándose en estadísticas fiables, organizaciones pacifistas y solidarias calculan que se desvían cerca del 40 % de las armas ligeras, para proveer a narcotraficantes, terroristas, milicias o pretendidos insurgentes del Tercer Mundo.

Prueba fehaciente de la incidencia del tráfico ilegal de armas: un guerrillero de las Farc en San Vicente de Caguán, armado con la ametralladora M-60, arma de acompañamiento que proporciona un elevado volumen de fuego.

El procedimiento para desviar los cargamentos de los controles legales es complejo. De los lotes de fabricación salen con destinos ilegales los contenedores, trasladados desde el lugar de carga o transporte legal hacia buques o aviones incontrolados. Con falsos documentos de venta, en nuevos puertos se revenden a terceros no conocidos ni controlados, quienes los colocan en los destinos finales, por medio de fraudulentas transacciones, casi todas relacionadas con narcotráfico o contrabando de productos.

El analista español Xavier Caño Tamayo aseguró para CCS, en junio de 2003, que:

> —No habría tráfico ilícito de armas si no hubiera tanto tráfico legal y bendecido, ni fuera tan pingüe negocio. Para que el tráfico ilegal sea posible se necesitan funcionarios corruptos, pero también comerciantes internacionales, legalmente inscritos, que no se avergüencen de hacer negocios en ambas orillas, tanto la lícita como la ilegal. Pero también es imprescindible la complicidad, siquiera por omisión, de la llamada comunidad internacional. ¿Cómo sino las milicias irregulares del Congo, Liberia, Cachemira, Somalia o Chechenia pueden disponer de armas de mode-

los avanzados y técnicas refinadas así como toda la munición que precisen?.

En otro lugar del planeta, inmerso en la misma problemática, desde hace más de treinta años el tráfico ilícito y uso de armas de fuego afecta a Jamaica, país utilizado por narcotraficantes y terroristas como puente de paso para las redes internacionales del triángulo letal. Durante este período diversos tipos de delincuentes han adquirido revólveres, pistolas semiautomáticas y armas automáticas como los fusiles M16 y Ak-47, utilizados para cometer robos y asesinatos.

El uso frecuente de armas motivó la creación en 1974 del Tribunal de las Armas, para que tratara específicamente este tipo de delitos. Pese a que las estadísticas de la policía muestran que aproximadamente el 66 % de los asesinatos han sido cometidos con armas ilegales, el Comité Judicial del Privy Council declaró en 1976 que es anticonstitucional decomisar las armas a los particulares.

Parte de las armas ilegales es enviada a Jamaica desde los Estados Unidos. Otras entran en el país por los aeropuertos y puertos regulares, escondidas en barriles, televisores y otros aparatos eléctricos, o en vehículos automotores. Otras ingresan en operaciones clandestinas por el mar o por pistas de aterrizaje ilegales, a cambio de drogas ilícitas. Los fusiles AK-47 provienen de Centro y América del Sur junto con cargamentos de cocaína.

La policía en Jamaica ha identificado la conexión entre el tráfico de drogas ilegales y el tráfico de armas ilegales, puesto que algunos traficantes de drogas están involucrados con rivales en conflictos armados por territorios y por dominar bandas involucradas en otros delitos. Para empeorar el problema, la gran mayoría de los criminales deportados desde los Estados Unidos de América, Canadá y el Reino Unido continúan al lado de los cabecillas locales en dicha actividad, debido a la excelente ubicación geoestratégica de Jamaica.

En agosto del año 2000, el presidente peruano Alberto Fujimori, presentó ante la opinión pública un supuesto éxito denominado la *Operación Siberia*, realizada por los servicios secretos liderados por Vladimiro Montesinos, al denunciar una red de tráfico de armas manejada por los militares José Luis y Frank Aybar Cancho. Evidencias posteriores demostraron que Montesinos dirigió la operación para comprar los fusiles a Jordania, según la versión del vendedor internacional de armas Sarkis Soghanalian.

Existe un antecedente comprometedor para Montesinos. El peruano José Chávez, alias *el Vaticano*, responsabilizado de apoyar a Sendero Luminoso en la región selvática del Alto Huallaga durante el primer lustro de la década de los años 90, denunció haber pagado a Montesinos, entre julio de 1991 y agosto de

El paso de Vladimiro Montesinos por las oficinas de inteligencia peruana marca un hito de corrupción similar al de Manuel Antonio Noriega en Panamá, pues trabajaba para todos los actores del conflicto colombiano.

1992, la cuota extorsiva de 50.000 dólares mensuales para que le permitiera traficar estupefacientes.

En investigaciones adelantadas por la justicia peruana contra el pintoresco y corrupto ex jefe de los servicios de inteligencia durante el periodo 1990-2000, preso en Lima desde el año 2001, quedó demostrado que el francés Charles Acelor, extraditado de Alemania a Perú el 13 de diciembre 2002, acusado de atentar contra la seguridad del estado peruano, sirvió de puente en Miami entre el traficante libanés Sarkis Soghanalian, con residencia en Jordania, el gobierno peruano en Lima y las Farc en territorio colombiano, para la entrega de 10.000 fusiles Khalasnikov AK-47 de fabricación rusa.

Apoyado por una traductora, Acelor informó ante la Sala Penal Especial de la Corte Superior de Lima, que en octubre de 1998 fue puesto en contacto en su casa de Miami por un antiguo amigo, el franco-español Juan Manuel López, con el peruano José Luis Aybar Cancho, quien se presentó como capitán del Ejército de Perú y representante de las fuerzas armadas peruanas. Los dos visitantes le comunicaron que el gobierno de Perú estaba interesado en comprar armas.

> —No soy vendedor de armas pero como represento a la empresa Augusta Bell de Italia, que vende helicópteros y repuestos, conozco a personas y empresas que se dedican a ese negocio. Los puse en contacto con Sarkis, reconocido vendedor de armas, quien le comunicó que tenía en un almacén de Ammán (Jordania) entre 50.000 y 70.000 fusiles. Inmediatamente llegaron a un acuerdo—, aseguró Acelor, resaltando que Aybar pidió viajar para ver las armas.

Al regreso de Amman a Miami, el militar peruano informó a Sarkis que quería comprar 10.000 fusiles en cuatro partes, propuesta que fue rechazada de plano por el comerciante libanés. Tiempo después, Aybar y López volvieron a buscar a Acelor pues persistían en concretar algún acuerdo con Sarkis por los 10.000 fusiles.

Por fin se concretó la transacción pero los compradores debieron pagar 500.000 dólares para el libanés por haber roto el primer compromiso y 200.000 dólares para Acelor por los trámites realizados en calidad de mediador.

Al final, los furtivos compradores tuvieron que pagar cada fusil a 190 dólares y no a 95, como habían acordado al principio. De la suma total del negocio, 700.000 dólares, correspondientes a parte del pago, fueron depositados en un banco de los Estados Unidos.

Según la justicia peruana, el cerebro del tráfico de los 10.000 fusiles Khalasnikov AK 47 fue Vladimiro Montesinos, contra quien el fiscal del proceso pidió 20 años de prisión y el pago de 3,2 millones de dólares.

José Luis Aybar Cancho —acusado de cabecilla en tráfico de armas— informó en una audiencia que, en enero de 1999, Montesinos le conminó a recibir al libanés Sarkis en el aeropuerto de Lima, para trasladarlo a las oficinas de los servicios de inteligencia y entrevistarse con él.

Detenido en una cárcel de Estados Unidos, Sarkis Soghanalian declaró en 2001 al procurador José Ugaz que Montesinos le ofreció en Lima un primer pago de 20 millones de dólares, de un total de 78, por una serie de operaciones de venta de armas.

Pese a las declaraciones del francés Acelor y de Aybar, aún no ha sido aclarada de manera satisfactoria la vinculación del controvertido funcionario oficial peruano con el triángulo letal.

De manera sorprendente e inexplicable según el periódico *Agenciaperú.com*, las investigaciones judiciales en torno al caso del tráfico de armas jordanas a la guerrilla de las Farc, excluyeron a Luis Jorge García Tamariz, cuya participación se hizo más que evidente cuando se difundió un vídeo en el que García analizaba con Luis Frank Aybar Cancho la forma más adecuada para transportar el armamento. García sugirió una aeronave Hércules o turbohélice, con autonomía suficiente para volar 18 horas, desde Rusia hasta Nicaragua.

En la misma conversación, García indicó que trabajaba en *Nippon Corporation* y se ufanó de tener muchos contactos en los ministerios del régimen del entonces presidente Fujimori, de quien además dijo ser su *hombre de confianza*. Entretanto, Manuel Vargas, gerente general de Edipesa, empresa a la que los hermanos Aybar hicieron creer que las armas tenían como destinatario las fuerzas armadas peruanas, aseguró que el contacto entre ellos y Nippon Corporation fue Jorge García Tamariz.

García Tamariz aceptó que existió la operación del tráfico de armas e insistió que eran para las fuerzas gubernamentales. Además, señaló que su participación en la operación se debió a que se necesitaba alguien con creatividad para transportar el armamento, sin que Ecuador se enterara del asunto, debido al latente estado de guerra entre los dos países por problemas fronterizos desde hacía tiempo, pero aceptó que dentro del cargamento no todas las armas eran para el ejército peruano.

Junto con el empresario chino Hang Shen Luo, García fundó en mayo de 2000 la empresa Gahang International Trading, proveedora de las Fuerzas Armadas, con capacidad para vender desde raciones de alimentos hasta helicópteros o realizar obras de infraestructura, pero los registros oficiales de la comisión del Congreso peruano, que investiga las compras de armamento durante el régimen anterior, indican que Gahang no está inscrita como tal, aunque otras fuentes aseguran que el Ministerio de Defensa no quiso revelar la verdad.

No obstante es preciso aclarar que la alianza entre los cárteles de las drogas y los contrabandistas de armas y mercenarios es antigua. Basta recordar las actividades ilícitas del israelí Yair Klein, contratado por el narcotraficante Gonzalo Rodríguez Gacha para adiestrar en el Magdalena Medio, un grupo armado previsto para atacar la sede del secretariado de las Farc en *casa verde*.

Por otro lado, Carlos Castaño, hasta mediados del 2003 cabeza de las *Autodefensas Unidas de Colombia*, confirmó que existe una red de traficantes de armas procedente de Surinam y Brasil que canjea fusiles AK 47, ametralladoras M60, lanzagranadas de mano y de mortero y municiones de guerra de diversos calibres por kilos de cocaína, en lugar de dinero. La reveladora versión de Castaño fue conocida por los medios de comunicación, tras la confesión del jefe paramilitar, de que las Farc le arrebataron un cargamento de armas procedente de China, que por razones técnicas hizo escala en Brasil[92].

El tráfico de armas oxigena el prolongado conflicto colombiano y auspicia el terrorismo.

En un episodio más que incrementa la desazón en torno al tema, el presidente de Nicaragua, Enrique Bolaños, reconoció que su país vendió un arsenal a una empresa guatemalteca, pero dijo ignorar su destino posterior. Según investigación periodística realizada por el diario *El Tiempo* de Bogotá, 3.000 fusiles AK 47 y cinco millones de cartuchos calibre 7,62 milímetros entraron en Colombia en el buque *Otterloo* de bandera panameña con destino a las Farc, cuando se suponía que eran para la Policía de Panamá.

En julio de 2004 fue interceptado en el archipiélago de San Andrés en aguas territoriales de Colombia otro cargamento de armas

---

[92] En 1983, las autoridades brasileñas detuvieron un avión cargado de armas, procedente de Libia con destino al grupo terrorista colombiano M-19.

con destino a las Farc proveniente de Nicaragua. Tres años antes, la policía nacional incautó unos fusiles rusos y otras armas ligeras en una casa de la isla caribeña.

De acuerdo con investigaciones de inteligencia militar y rigurosos seguimientos judiciales, las armas adquiridas en el extenso mercado negro, procedentes de lugares remotos tales como Jordania, Rusia, China, Bulgaria, Corea del Norte, Rumanía y otros estados de Europa Oriental, entran en Colombia por las fronteras terrestres con Panamá, Brasil, Perú, Ecuador y Venezuela, o por vía marítima desde Centroamérica.

Dentro del proceso de investigación, Cristóbal Arboleda, Fiscal Superior Especial de Panamá, solicitó el llamamiento a juicio de 11 personas, implicadas en el trasiego de tres cargamentos de fusiles AK 47, explosivos, lanzacohetes y municiones, cuyo destino final eran las Farc, para hacerle frente al denominado Plan Colombia, a la vez que estableció nexos entre los cargamentos de drogas incautados en Chame, Colón y Arraiján, y que se trató de un solo grupo de personas vinculadas a este delito.

El primer cargamento de armas fue colocado dentro de un contenedor detenido cerca de una residencia en Chame, luego las autoridades ubicaron un segundo cargamento en una residencia en Arraiján, y el tercero se encontró en un depósito ubicado en la Zona Libre de Colón.

EL PLAN COLOMBIA: PRESENCIA PARCIAL DE LOS ESTADOS UNIDOS EN LA GUERRA CONTRA EL TRIÁNGULO LETAL

DADA LA NECESIDAD DE ARTICULAR apoyos externos para concretar la iniciativa pacificadora del país, el presidente Andrés Pastrana lanzó a finales de 1999 el *Plan Colombia*, un ambicioso proyecto integral calculado en 7.500 millones de dólares, que debería lograr también erradicar el narcotráfico y fomentar el desarrollo económico y social del país, financiado fundamentalmente por Colombia, Estados Unidos y la Unión Europea, además de otros recursos provenientes de las instituciones financieras internacionales como el Fondo Monetario Internacional, el Banco Mundial, el Banco Interamericano de Desarrollo, y otros países como Japón y Suiza.

El aporte colombiano es el más cuantioso, determinado en 4.500 millones de dólares, con el objetivo de contrarrestar los efectos negativos de la crisis económica, además de procurar una mayor presencia del Estado en las áreas más afectadas por la violencia.

La participación de Estados Unidos, que contribuye con cerca de 1.500 millones de dólares, está orientada al entrenamiento de tropas y al suministro de material militar para combatir contra la guerrilla y el narcotráfico. Finalmente, aparece la aportación europea, con apenas 200 millones de dólares, cerca de 160 millones de euros comprometidos, para contribuir con planes de cooperación en el desarrollo, y para mejorar las condiciones sociales de regiones donde el Estado colombiano ha tenido menos presencia y acción gubernativa[93].

El controvertido *Plan Colombia*, surgido ante la incapacidad de la Policía Nacional para combatir el narcotráfico en las guaridas de las Farc ubicadas en zonas selváticas, acordado entre los gobiernos de Colombia y los Estados Unidos, y previsto para erradicar y sustituir cultivos ilícitos, tiene tantos defensores como detractores, basados en las cifras, que son las que, en último lugar, resumen los resultados de gestión.

El punto álgido del asunto es la legalización del consumo frente al prohibicionismo encabezado por los Estados Unidos, país donde se

---

[93] Resulta curioso que la comunidad europea afectada por el narcotráfico que financia el terrorismo, aporte tan poco dinero para la solución del problema, pero sea a la vez la mas crítica e insidiosa frente a la paz de Colombia, sustentada en el tema de los derechos humanos y no en la gravedad del triángulo letal de armas-drogas-terrorismo.

gastan varios miles de millones de dólares en la lucha contra el consumo de sustancias psicoactivas.

Los argumentos de quienes protestan por la ineptitud de las sociedades consumidoras van desde centradas críticas fundamentadas en el elevado desangre que produce la guerra de las drogas en Colombia, hasta la explicación de que los países poderosos no miran el grave daño social de la drogadicción, sino el afán de evitar la fuga de divisas[94].

De manera específica se endilga al Plan Colombia por parte de las organizaciones no gubernamentales de izquierda colombianas e internacionales, el enmascaramiento de planes contrainsurgentes con la disculpa de destruir el narcotráfico.

La pueril crítica es similar al ladrido de un perro contra la Luna, puesto que, después de los atentados terroristas del 11-S, el Departamento de Estado de los Estados Unidos y, por extensión, la Unión Europea, declararon terroristas a las Farc, el Eln y las Autodefensas ilegales. Además, por primera vez, reconocieron que constituían cárteles armados de narcotraficantes. Entonces si el Plan Colombia destruye al narcotráfico, el objetivo final es quitar el oxígeno que alimenta los grupos terroristas, con dinero llegado del Primer Mundo donde están los grandes consumidores.

Frente a las estadísticas generales del Plan Colombia, esbozadas en los cuadros anexos, surgen importantes conclusiones, que abarcan la cuestión de la escasa participación del componente social en relación con la acción represiva para combatir el tráfico de estupefacientes, pues por desgracia como dijera el obispo de Tibú, jurisdic-

---

[94] Cuatro años después de iniciado el Plan Colombia, sólo 33.000 familias colombianas habían recibido algún beneficio social derivado del 15 % de la ayuda. A ciencia cierta 150.000 personas recibieron algún apoyo, lo cual es muy poco en un país como Colombia, donde 25 millones de personas viven por debajo de la línea de pobreza y seis millones de éstos en la pobreza absoluta, casi en la indigencia, a pesar de la enorme riqueza natural del país.

ción eclesiástica de La Gabarra Norte de Santander, donde las Farc asesinaron a 34 labriegos de un cultivo coquero de propiedad de las autodefensas ilegales:

—En esta tierra se siembra coca y se recogen muertos.

Guerrilleros de las Farc reunidos y armados hasta los dientes frente a los campamentos de la Cruz Roja, en una área urbanizada lejos del control del estado central colombiano.

A pesar de las estadísticas de supresión de zonas cultivadas, desde que se implementó el Plan Colombia, arreció la desaforada guerra a muerte entre autodefensas y guerrilleros para controlar el cultivo, procesamiento, comercialización e intercambio de armas por droga con traficantes internacionales. En medio de esa guerra voraz, quedaron los pobladores civiles, algunos inermes otros no, por pertenecer a las milicias bolivarianas de las Farc, como objetivos visibles, para sufrir represalias violentas.

El fácil tránsito de guerrilleros hacia las autodefensas, atraídos por la paga que no reciben en las organizaciones comunistas armadas, desató la marejada de masacres y asesinatos masivos contra antiguos compañeros, redes de apoyo subversivo o milicianos, que desde luego son conocidos por los desertores de la guerrilla.

El turbio deseo de eliminar de la faz del planeta todo vestigio de enemigo viviente conduce a la inclemente degradación del conflicto y estimula el cultivo de pequeñas parcelas de coca menores de tres hectáreas[95], que en conjunto totalizan el 62 % de la producción nacional, apetitosa cifra no despreciable para las aspiraciones geopolíticas de los actores armados ilegales en conflicto.

Una cifra comparativa para medir la dimensión de la guerra por el control del narcotráfico, tomada del muestrario general durante el periodo de vigencia indica que entre el 1 octubre de 1999 y el 30 septiembre de 2000, ascendía a 6.067 el numero de asesinatos, desapariciones y muertos en combate como resultado de la violencia política en Colombia. El mismo referente aumentó a 6.978, durante el período del 1 de julio de 2002 al 30 de junio de 2003.

Para remate, como consecuencia del conflicto, cada año son desplazados mas de 100.000 personas desde las zonas rurales hacia las grandes ciudades, sin mayores esperanzas de solucionar la crisis socio-económica particular ni general. En ese maremágnum, los grupos armados al margen de la ley encuentran caldo de cultivo y potencial humano ilimitado para reclutar adeptos, en medio de un interminable círculo vicioso.

Durante la primera semana de julio de 2003, se debatió en España parte del futuro del Plan Colombia. Tanto entusiastas como críticos organizaron sesiones de trabajo para presentar sus puntos de vista y discutir la viabilidad del ambicioso proyecto cívico-militar, financiado por donantes externos, orientado a consolidar el Estado colombiano

---

[95] Estrategia urdida por las Farc como consecuencia de los acuerdos de erradicación voluntaria para cultivos superiores a tres hectáreas. De esta manera continúa el negocio mejor distribuido entre la selva, sin que sea posible detectar y destruir todos los cultivos al mismo tiempo.

en el combate contra las guerrillas comunistas, las autodefensas ilegales y el narcotráfico.

Las críticas al Plan Colombia son numerosas y, como en el caso analizado en España, no pasaron de ser posiciones personales o egoístas, pero no hubo mayor profundidad ni compromiso real para erradicar el mal. En Estados Unidos, grupos de derechos humanos, organizaciones no gubernamentales, analistas y algunos congresistas se han opuesto con vehemencia a cualquier apoyo militar a Colombia para combatir la narcoguerrilla.

El punto de disloque es que introducir en Colombia armas sofisticadas y asesores equivale a echar gasolina al fuego, dadas las circunstancias de violencia creciente, desigualdad aguda, pobreza, corrupción por parte de algunos funcionarios del Estado, desintegración territorial, y una cada vez más terrible crisis humanitaria con alrededor de tres millones de desplazados.

Además los críticos siempre aseguraron, que las fumigaciones aéreas arrasan tierras cultivables, generan más desplazamientos interiores pero no tocan a los dueños del gran negocio, por tanto, como ocurrió antes en Bolivia y Perú, la producción se desplazará a otras zonas u otros países. Amnistía Internacional, proclive en sus juicios de valor a favor de la subversión izquierdista, considera que el Plan Colombia se basa en un análisis equivocado, ya que toma la cuestión de las drogas como explicación.

Al mismo tiempo, ignora el papel del Estado y evita ocuparse de las raíces del conflicto y de la crisis de derechos humanos, y no tiene en cuenta las recomendaciones de la Alta Comisionada de las Naciones Unidas para los Derechos Humanos. De manera desfasada e irresponsable, la calenturienta mente de algunos de los locuaces y poco analíticos directivos de Amnistía Internacional supuso que la ayuda militar pudiera ser usada por los grupos paramilitares y que, incluso, las autodefensas fueran integrados en la estrategia militar contra la guerrilla.

Al desconocer que las Farc son terroristas y que trafican con narcóticos, consciente o inconscientemente Amnistía Internacional les sirve de escudo en el calculado juego, sin intuir mas allá de la nariz que este es un problema universal y que el triángulo letal inspirará el terrorismo de cualquier vertiente, pues el control del narcotráfico es algo muy rentable para hacer guerra irregular, terrorismo, traficar armas, lavar dinero y tener acceso a importante información de los gobiernos a los que se combate.

Narcotráfico y resurgimiento de las guerrillas en Hispanoamérica

La tesis de Fidel Castro, las Farc y los *mamertos*[96] colombianos de que el comunismo internacional tiene vigencia, entró con fuerza en la realidad política de Hispanoamérica, en un momento histórico en que el narcotráfico juega un papel muy importante en las relaciones sociales y económicas internas de cada país del hemisferio.

Pese a la desmovilización de las guerrillas salvadoreñas, guatemaltecas y algunas agrupaciones terroristas colombianas como el M-19, el Prt[97], la Crs[98], etc.; los dirigentes comunistas de Latinoamérica consideran que la acción armada es válida en el entorno de la llamada *combinación de todas las formas de lucha*. Así lo demuestran los hechos.

La cercanía ideológica del presidente venezolano Hugo Chávez con las guerrillas colombianas se suma a la falta de claridad de los gobiernos de Ecuador y Brasil para declarar terroristas a las Farc, mientras que enarbolan banderas de ser mediadores donde nadie se lo ha pedido.

El decomiso en julio de 2004 en territorio del Brasil de un arsenal custodiado por delincuentes colombianos y brasileños, que con-

---

[96] Forma coloquial de denominar a los comunistas colombianos.
[97] Incipiente guerrilla anarquista denominada "partido revolucionario de los trabajadores".
[98] Disidencia del Eln llamada "corriente de renovación socialista", ya desmovilizada.

tenía cerca de 9.000 municiones de diferentes calibres, entre ellas .50 para derribar aeronaves en vuelo, cuyo destino no se ha podido precisar si eran para las Farc o para los círculos bolivarianos comunistas que organiza Chávez como comités de defensa revolucionaria, demuestran la creciente y hasta el momento imparable internacionalización del conflicto colombiano, matizado por el triángulo letal.

Fidel Castro y Hugo Chávez encarnan el mayor peligro para la estabilidad de Latinoamérica, pues de una u otra forma sus gobiernos se relacionan con el letal triángulo drogas-armas-terrorismo.

Por otro lado, el calculado silencio de las guerrillas comunistas en México es preocupante, pues su cercanía territorial con Estados Unidos indica que las Farc, los *zapatistas* y el gobierno cubano trabajan fuerte en la construcción de más estructuras armadas y no en la desmovilización de las mismas.

Muchos exguerrilleros salvadoreños y nicaragüenses están enrolados en narcotráfico y tráfico de armas para abastecer los grupos guerrilleros que subsisten en Perú y Colombia. El partido comunista brasileño sostiene la validez de las acciones armadas. El llamado frente patriótico Manuel Rodríguez de Chile continúa el trabajo clandestino de apoyo al Sendero Luminoso en el Perú y el resurgimiento de las guerrillas en Bolivia, con miras a estimular la creación de la república Aymará, salpicada de coca hasta los tuétanos.

El oxígeno ideológico para la resurrección guerrillera, financiada con el narcotráfico, nace en Cuba, desde donde envían instructores políticos a Venezuela, para organizar las *milicias bolivarianas* y estimular la creación de grupos armados, que eventualmente pueden atentar contra la población civil y la propia fuerza militar venezolana.

El Eln y las Farc son muy importantes para la preparación militar de estos grupos. La razón es que Fidel Castro encontró en Chávez al aliado ideal y al *idiota útil* para resurgir el ideario guerrillero latinoamericano, convenciéndolo de que el populista presidente venezolano es la encarnación del Libertador Simón Bolívar.

El presidente de Ecuador, Lucio Gutiérrez, incapaz de resolver la cantidad de problemas internos que le agobian, utiliza la misma táctica de Belisario Betancourt y Andrés Pastrana en Colombia, de ir a escenarios internacionales a pedir por terceros y abogar por otros problemas que no le competen, para buscar premios o reconocimientos internacionales y, desde luego, para distraer la agitada opinión pública de su país.

En Republica Dominicana algunos sectores del partido comunista de ese país hacen abierta apología a la guerrilla colombiana e incluso hay pruebas concretas de sus nexos con las Farc en Colombia. En Estados Unidos es común ver en el sur de California a una cantidad importante de propagandistas del *grupo obrero revolucionario* mexicano, que venden periódicos y otros pasquines para recoger dólares, que envían en solidaridad a la *causa latinoamericana de las fuerzas rebeldes*.

El dinero recaudado, producto del narcotráfico por parte de las Farc, probablemente está invertido en Brasil, Venezuela, Costa Rica, México y los paraísos fiscales de las Antillas. Igual puede estar sucediendo con los recursos que captan las agrupaciones guerrilleras, que aún subsisten o quieren resurgir en Hispanoamérica.

Todo parece indicar la tendencia hacia la resurrección de las guerrillas en Latinoamérica, es decir, que mientras el Primer Mundo continua enfrascado en las *guerras de la tercera ola* con computadores y alta tecnología, el continente de las *bananas republics* seguirá sumido en la mediocridad de los dirigentes políticos, la guerra de guerrillas, el terrorismo que de carambola puede resultar unido por la conveniencia mutua de atacar los intereses de los grandes bloques económicos del primer mundo.

La dimensión del asunto se refleja en que al valorar la desigual confrontación integral que enfrenta Colombia contra el terrorismo y el narcotráfico internacionales, Marc Grossman, subsecretario de Estado para Asuntos Políticos del gobierno de los Estados Unidos, manifestó que este no solo es un problema colombiano, porque las Farc y otros grupos armados ilegales, también constituyen una amenaza a la soberanía de sus vecinos para quienes sus fronteras también son violadas.

La frontera caliente con el Ecuador

Para complicar más la situación de Colombia en la lucha contra los agentes generadores de violencia, a partir del momento en que las guerrillas comunistas y las autodefensas entraron de lleno al negocio del narcotráfico, el conflicto interno traspasó las fronteras y trasladó escenarios definidos del combate contra la institucionalidad nacional en todos los países limítrofes, con la difícil circunstancia agravante de que sucesivos gobiernos ecuatorianos además de quejarse de la violencia que existe en 600 kilómetros de frontera compartida, han negado la existencia del fenómeno narco-subversivo en su territorio y por tanto no han comprometido las fuerzas militares y de policía en un combate frontal contra el triángulo fatal.

La ruidosa captura en Quito del capo del cártel de las Farc, Simón Trinidad, y la ambigüedad con que hasta el propio presidente ecuatoriano Lucio Gutiérrez manejó el asunto, es prueba fehaciente de que los dirigentes de ese país no quieren asumir una posición fuerte y definida para ayudar a combatir el terrorismo.

Producto de esa inacción, las Farc han contactado con algunos funcionarios corruptos de las Fuerzas Armadas del Ecuador, que les han vendido armas, municiones, explosivos, uniformes, material de campaña, etc, o han facilitado que los guerrilleros y narcotraficantes muevan por las carreteras, puertos y aeropuertos ecuatorianos ingentes cantidades de armas, explosivos, coca, dinero en efectivo, etc.

Tras hallar un arsenal durante un allanamiento policial efectuado en una zona residencial de Quito y detener y sentenciar a tres de sus miembros acusados de participar en una red dedicada a traficar con destino a las Farc armas robadas de los depósitos oficiales, el general Octavio Romero, jefe del Comando Conjunto de las Fuerzas Armadas admitió que es difícil frenar el tráfico de armas

Fronteras terrestes y marítimas colombianas.

a la guerrilla colombiana, que pugna por adquirir las armas a cualquier coste[99].

Para *dorar la píldora* y eludir la grave responsabilidad, el general ecuatoriano cuestionó en una entrevista con Teleamazonas:

> —¿Usted se ha preguntado de dónde ha venido todo ese armamento del que dispone ese ejército guerrillero? Tienen que acudir a todos los medios ilícitos, a la recuperación de armas, como ellos lo llaman. Entonces esa influencia tan fuerte afecta a los países vecinos como Ecuador, Perú y Brasil. Por más estricto que sea el control, es muy difícil llegar a un grado del 100 por cien para evitar estas sustracciones.

El 21 de mayo de 2004, al norte de la ciudad de Quito, Ecuador, fue confiscado por la policía de ese país un camión que transportaba 240 camuflados y cerca de 480 marcas distintas de tela con la sigla Farc-EP, que sería vendido al grupo armado por 13.000 dólares, lo cual reveló la existencia de una fábrica de uniformes para las Farc en ese país y confirmó la existencia de una extensa red logística clandestina de las Farc en el Ecuador, algo que, pese a las evidencias, siempre han negado las autoridades ecuatorianas.

En la operación fue capturado el conductor del camión y su hijo, quienes debían negociar con miembros de las Farc la venta de los uniformes. El material decomisado iba destinado al frente 48 de las Farc, que opera en el sector del Putumayo, frontera entre Ecuador y Colombia. En la fábrica se decomisaron otros 20 uniformes completos, además de 48 sacos de compañía y 15 máquinas industriales, que servían para la elaboración de uniformes tipo militar.

---

[99] Las armas incautadas incluyeron nueve ametralladoras, con identificación de los ejércitos de Ecuador y Perú, 3.999 barras de explosivo pentolita, 202 granadas, pistolas, revólveres y municiones.

La frontera caliente con Venezuela

La ubicación geopolítica y las condiciones políticas internas de Venezuela son pieza importante en la evolución y desenlace de numerosos conflictos internos de Colombia a lo largo de la historia republicana. Existen serias evidencias históricas acerca del apoyo de gobiernos o particulares del vecino país a las guerrillas colombianas, y de la utilización oportunista de diversos desprestigiados gobiernos venezolanos, del sentimiento patriotero de muchos habitantes de la tierra de Bolívar, para exacerbar odios y prevenciones inútiles contra Colombia, premeditados para enmascarar las dificultades internas, del prolongado e indefinido estilo de inmanejable gobernabilidad venezolana.

Las *comisiones binacionales de fronteras* han sido lentas para llegar a acuerdos decisivos acerca de la definición categórica de las líneas fronterizas y de la ubicación real de los puntos geodésicos. Durante un prolongado periodo de más de cincuenta años, ha coexistido con las relaciones bilaterales, casi siempre tensas y provocativas especialmente de Venezuela hacia Colombia, la diplomacia de micrófono, la agresividad verbal de Caracas con respuestas tenues de Bogotá y la sensación generalizada de que el problema es insoluble, que los campesinos colombianos residentes en la frontera están desprotegidos, y que Venezuela sí cumple con las funciones como Estado en la franja limítrofe, por ello algunos de sus agentes pueden abusar sin que pase nada.

Dentro de ese marco de inconsistencias pragmáticas, las fuerzas armadas venezolanas y los organismos de seguridad de ese país, se han sentido con suficiente autoridad para reprimir por su propia cuenta, incluso en territorio colombiano a los agentes generadores de violencia criados en Colombia y en no pocas ocasiones auspiciados desde Venezuela tomando como objetivo a la inerme y humilde población civil, envuelta en medio de varios fuegos, sin que el Estado colombiano haya dado una respuesta coherente y sólida al espinoso asunto.

El Departamento de Estado de Estados Unidos ha manifestado en reiteradas ocasiones que es limitada la cooperación de Venezuela contra el terrorismo en Colombia, debido a la afinidad ideológica del presidente Hugo Chávez con las guerrillas comunistas, según consta en el informe titulado *Patrones Globales de Terrorismo*, que calificó a Venezuela como un santuario para las Farc y el Eln, que con frecuencia utilizan la frontera de los dos países como punto de partida para lanzar ofensivas terroristas.

Según el Departamento de Estado:

—Venezuela no quiere o no puede patrullar sistemáticamente la frontera con Colombia, y es permanente el flujo de armas y municiones que llegan de allí a manos de grupos terroristas colombianos, que provienen de proveedores venezolanos y, en algunos casos, de bodegas y centros manejados por el gobierno.

—No es claro hasta qué punto el gobierno de Venezuela aprueba o condena el apoyo material a los terroristas colombianos ni a qué nivel. Lo que sí es claro es que los esfuerzos de las fuerzas de seguridad venezolanos por controlar su lado de la frontera e interceptar el flujo de armas hacia estos grupos no son efectivos.

En términos generales, el informe ubica a Venezuela como la *oveja negra* de Sudamérica, pues es el único país sobre el que eleva cuestiones por su compromiso en la lucha contra el terrorismo. La cooperación venezolana en este campo es inconsistente, así como son frecuentes las recriminaciones públicas de Chávez, contra las políticas antiterroristas de la administración Bush.

Desde hace más de 15 años el ejército colombiano ha denunciado la incautación de armas con el sello de las Fuerzas Armadas venezolanas y municiones con la marca *Cavim*[100], pero ni la cancillería colombiana, ni la Oea, ni la Onu, ni ningún organismo internacional ha querido poner las cosas en su debido lugar. En 1993 fue descubierto un oficial superior de las instituciones militares venezolanas que facilitaba armas y municiones a los terroristas colombianos.

A partir de esa fecha, han ocurrido innumerables coyunturas que, en esencia, configuran una estructura para demostrar que el problema es más grave de lo que parece y que necesita la presencia de un organismo internacional para que verifique y tome acciones correctivas, con el fin de suprimir la línea de flujo logística, asesoría médica, etc, que, sin lugar a dudas, reciben las guerrillas desde territorio venezolano, que de paso por su extensión y topografía, desafortunadamente se convirtió en el nicho ideal para exportar ingentes cantidades de coca, desde Colombia hacia el resto del mundo y para recibir los productos necesarios para el procesamiento del alcaloide por la misma vía.

Uno de tantos incidentes que demuestra la transnacionalización de las guerrillas en la compleja frontera con Venezuela se evidencia en que el 25 de abril de 2004 fue capturado por efectivos del Departamento Administrativo de Seguridad (Das), en cercanías a Cúcuta —Norte de Santander—, el abogado venezolano Américo Gerardo Ramírez Bracho, experto en finanzas e inversiones en finca raíz, coordinador de operaciones de narcotráfico de las Farc hacia Europa, procesado por tráfico, fabricación y tráfico de estupefacientes.

Ramírez Bracho es pieza clave en la causa por narcotráfico abierta como reo principal contra Nayibe Rojas Valderrama, conocida con el alias de *Sonia*, capturada el 10 de febrero en zona rural de Cartagena del Chairá, en las selvas del sur colombiano, durante una operación militar y judicial.

---

[100] Marca de la industria militar venezolana.

El Das reafirmó que la investigación internacional contra la red de tráfico relacionada con las Farc permitió la captura de dieciocho narcotraficantes tanto en Colombia como en Panamá por parte de las autoridades de cada país. Además de *Sonia* y Ramírez Bracho, durante la operación internacional han sido detenidos los jefes de la red en América y Europa, que la policía secreta identificó por los alias de *El Flaco* y *El Calvo*.

Desde que asumió la presidencia de Venezuela el polémico y controvertido ex-militar comunista Hugo Chávez Frías, funcionarios proclives a la ideología comunista, cercanos e instigados por el dictador cubano Fidel Castro, han convertido la populista y nebulosa plataforma gubernativa de Venezuela en el soporte legalizado, pero en apariencia clandestino a las guerrillas colombianas.

Casos como la visita de oficiales afectos a Chávez a la zona de distensión en El Caguán, transporte de guerrilleros enfermos o heridos desde Colombia hacia Venezuela o Cuba, declaraciones de prensa provocativas del locuaz presidente venezolano, argumentando justificación política de la acción guerrillera en Colombia, y de paso negando que son terroristas, ya que el gobierno venezolano podría ser mediador en eventuales diálogos, cuando en realidad nadie les ha pedido esta intervención.

Diferentes oficiales de las Fuerzas Armadas venezolanas, poseídos de credibilidad y respeto por el profesionalismo de sus actuaciones, que fueron retirados de las instituciones militares de ese país por no compartir ni la ideología marxista ni las *roscas politizadas* de Chávez, han denunciado hasta la saciedad la presencia de guerrilleros colombianos en campos de entrenamiento subversivo en territorio venezolano, curiosamente para capacitar grupos *de paramilitares civiles,* encargados de defender los *círculos bolivarianos de la revolución*, en una reedición calcada de lo que hiciera Salvador Allende en Chile entre 1970 y 1973.

El *cerebro detrás del trono* es Fidel Castro. El anciano dictador tropical, inspirador de la mayor parte de los movimientos terroristas internacionales, tiene convencido a Chávez de que es un nuevo Bolívar. Es la llave perfecta. Fidel maneja la maquiavélica inteligencia y Chávez, corto de esa virtud reservada para personas con visión, pero amplio de histriónicas condiciones, manipula sentimientos populistas y hunde el polarizado país en una crisis insospechable.

La congelación de las divisas, las trabas a los transportadores en la frontera, los demorados pagos a los exportadores colombianos, la alineación ideológica y comercial de Brasil con Venezuela y la integración de Mercosur con el claro propósito de torpedear la ya debilitada Co-

El triunfo electoral de Salvador Allende en Chile y el consecuente golpe de estado dado por el general Pinochet aligeraron el auge del terrorismo en Latinoamérica.

munidad Andina, así como la calculada intención estratégica del gobierno brasileño de generar un bloque económico contrapuesto a los intereses de Estados Unidos en el hemisferio, denotan la gravedad y profundidad del asunto, pues la actividad de Chávez y sus asesores, no solo afecta al futuro de la nación venezolana, sino que pone en dificultades el de Colombia y por extensión el de todos los países afectados por el narcoterrorismo.

Deben ser puntos de seria preocupación para los organismos internacionales y para los Estados Unidos el ataque de unidades militares venezolanas contra grupos de *autodefensa ilegal colombiana,* que asediaban una columna guerrillera refugiada en territorio venezolano, así como la captura de un grupo de *autodefensas colombianas* cerca de Caracas, sumado a las reticentes denuncias del general Martín Carreño, los testimonios de exguerrilleros y las denuncias públicas de opositores venezolanos acerca de los cada vez más evidentes nexos de

La masacre de 119 humildes labriegos de raza negra, dentro de la iglesia católica del olvidado caserío de Bojayá, uno de los municipios del empobrecido departamento del Chocó, será recordada por la humanidad como el más cruel y demencial ataque terrorista del cártel de las Farc contra la población civil. Los terroristas lanzaron los cilindros cargados de explosivos y metralla contra el templo lleno de feligreses. Los agresores se justificaron con el argumento de que las autodefensas frecuentaban ese caserío. Archivo del E-5 del Ejército

Chávez y muchos de sus amigos cercanos con las guerrillas colombianas, matizada por la inexplicable pero disimulada presencia de asesores cubanos, para preparar y fortalecer los comités de defensa de la revolución, incluso con las armas y tácticas de sabotaje urbano.

El resurgimiento de guerrillas en el Perú, la acción propagandística permanente de los indígenas Aymará en Bolivia, que también cuenta con el aval y afinidad sensorial del presidente venezolano, quien impulsa el caos en la región, son otros signos preocupantes de la dinámica geopolítica latinoamericana.

NARCOTERRORISMO EN LATINOAMÉRICA

En síntesis, la guerra colombiana matizada por el narcotráfico y la afinidad ideológica de varios funcionarios oficiales venezolanos, que actúan a espaldas de los intereses vitales de su nación, se convirtió en un problema de connotaciones multinacionales, que por tanto demanda la intervención pronta y concreta de la Onu, la Oea, y otras organizaciones internacionales, para que se pongan las cosas en orden y no para que concedan estatus político a los terroristas, que por obvias razones derivadas de su estrategia integral, no van a negociar, sino a proseguir la dilatación del proceso, para ganar más tiempo y espacio.

FRONTERA CALIENTE CON BRASIL

LA FRONTERA TRINACIONAL CONFORMADA en la selva amazónica por Brasil, Perú y Colombia es uno de los lugares más importantes de producción, procesamiento y salida de la cocaína hacia Estados Unidos, Japón y La Unión Europea. Por extensión constituye la vía de lavado del dinero de los narcotraficantes sobrevivientes, que actuaron a inicios de los 90 al servicio de los cárteles de Medellín y Cali, y que ahora trabajan en forma mancomunada con los remanentes de Sendero Luminoso y las Farc.

La guerrilla colombiana está asentada en la zona desde hace dos décadas. Por tanto dominan perfectamente la hostilidad de la selva amazónica, mientras sus miembros se aprovisionan de alimentos en Leticia, del lado colombiano, Tabatinga y Benjamín Constant en el Brasil e Iquitos en Perú. Los guerrilleros de las Farc que merodean el área trinacional tienen asiento en los departamentos de Amazonas, Vaupés, Putumayo y Caquetá, que poseen dos terceras partes de las plantaciones de coca de Colombia, que en total suman 140. 000 hectáreas en todo el país.

Como medida de prevención ante el posible incremento en el ingreso de narcos y guerrilleros en su territorio, Brasil está militarizando parte de la frontera con Colombia, con epicentro en Tabatinga. Dados los escasos controles que pueden ejercer las tropas brasileñas, producto de la extensión selvática, fuentes militares de ese país reconocen que el tráfico de armas es activo en la zona, e inclusive aseguran que lo que está por ocurrir en Colombia es un experimento, comparado con la Guerra Civil española frente a la Segunda Guerra Mundial.

> —En Brasil hay cuatro destacamentos fronterizos que dependen de Manaos, la capital del estado brasileño de Amazonas. En la mayoría de ellos se vive en condiciones relativamente buenas: los soldados y oficiales habitan casas instaladas en un claro en la selva, alimentadas con energía eléctrica que proveen motogeneradores y vinculados al mundo por sistemas de comunicación por radio—, anotó el periódico argentino *El Clarín*.

El intendente de Tabatinga, Raimundo de Souza, reconoció que no puede controlar al narcotráfico, porque es la fuente principal de ingresos. Treinta mil habitantes brasileños, incluidos 10.000 indígenas, tienen cuatro fuentes de empleo: la Alcaldía, las Fuerzas Armadas, la Policía Federal y el narcotráfico. Más o menos 2000 personas viven de la explotación pesquera, aunque también transportan droga escondida dentro de las barcazas.

Existe una quinta forma de obtener ingresos, pero muy limitada: se trata del comercio, que ocupa apenas a 300 personas. El transporte por la vía fluvial de la droga y dinero del narcotráfico sucede en Tabatinga y en Leticia como si fueran actividades normales, en dos ciudades que crecen y mueren por el negocio narco.

La mayor parte de los pobladores de las dos ciudades fronterizas viven de esa industria ilegal, con el agravante de que el fenómeno narco en la región ahoga cualquier otra actividad que surja como reemplazo en una zona significada por el atraso, la pobreza, el tráfico de armas y el narcotráfico.

El intendente de Tabatinga, Raimundo Souza, y Alcimar Magalhaes, obispo de ese municipio, aseguran que la falta de perspectivas laborales en la zona empuja a los *padres de familia* a buscar alternativas que resuelvan las necesidades básicas. Por se motivo *se enganchan* en el transporte fluvial de pasta base de la droga o de los productos químicos utilizados para procesar la cocaína. El fenómeno narco está ligado a la pobreza.

El presupuesto oficial de Tabatinga totaliza 210.000 dólares mensuales. La mitad de esos recursos se reparten entre los 500 empleados oficiales. Los 105.000 restantes se destinan para la ejecución de obras, programas de salud, educación y medio ambiente. Pero ese presupuesto no alcanza para liquidar la relación de los habitantes de Tabatinga con el narcotráfico, relación de dependencia que se consolida debido a que no existe ninguna actividad económica que reemplace la producción de caucho de las épocas de la Casa Arana.

El gigante iberoamericano, novena economía mundial, está en el borde del narcoterrorismo

Benjamín Constant, el poblado brasileño más cercano a Tabatinga, es un lugar ideal para efectuar transacciones de coca y armas. Es un punto estratégico, ya que allí paran los barcos que navegan por el río Solimoes hasta Manaos y luego continúan por el río Amazonas hasta Belem de Pará, en pleno Atlántico. Muchas de esas barcazas son correo de drogas o de dinero ilícito.

En Benjamín Constant nació Antonio da Mota Graza, alias *Curica*, el más famoso narcotraficante brasileño, apresado en 1997 en Säo Paulo el mismo día que fue detenido el narcotraficante peruano Rolando Saavedra Shapiana en el estado brasileño de Rondonia, limítrofe con Bolivia.

Pero por extrañas circunstancias, Samia Haddock Lobos —apellido de la alta sociedad paulista—, esposa de Curica, está libre, pese a que es el cerebro de la organización ilegal encabezada durante un tiempo por su marido, y también conocida con el mote de la *Baronesa del polvo* en Tabatinga y en Constant.

Según informó el diario *Folha de Säo Paulo*, el 16 de julio de 2004 las autoridades decomisaron en un depósito clandestino en Manaos Brasil, 8.795 cartuchos de uso exclusivo de las Fuerzas Armadas brasileñas, destinados a las Farc, decomiso catalogado por los investigadores como el mayor cargamento de material bélico encontrado fuera de una unidad militar en la región.

El arsenal incautado constaba de 8.795 unidades de cartuchos de marca CBC, de calibres punto 50 para ametralladoras antiaéreas, 7.62 y 5.56 para fusiles AR-15 o AK-47 y 9 mm para pistolas, además de 5.000 detonadores para explosivos.

Gracias a una denuncia anónima, el material bélico fue hallado por tropas del Comando Militar de la Amazonia en el sector portuario de Manaos, durante el desarrollo de la operación antinarcóticos Timbó 2, ejecutada por 6.500 hombres entrenados con el objetivo de combatir el narcotráfico y el tránsito de guerrilleros colombianos o círculos bolivarianos afectos al presidente Chávez de Venezuela.

En el allanamiento los agentes encontraron una lista con un pedido de 500 uniformes camuflados y 500 pares de botas de combate de las mismas que utilizaba el Ejército brasileño para operar en la selva. Los capturados afirmaron que fueron contratados por un hombre identificado como Luis, y además que recibirían un pago por embalar la munición.

FRONTERA CALIENTE CON PERÚ

EL DIARIO *EL COMERCIO DE LIMA*, publicó en 1993 una noticia alarmante que corroboró por medio de otra fuente: tanto los nexos de la guerrilla colombiana con la peruana, como la creciente realidad del triángulo, narcóticos, terrorismo y tráfico de armas.

Acorde con la descripción de una crónica elaborada por el corresponsal del periódico limeño, el coronel Eduardo Bellido, comandante general en la zona de Huallaga, reveló que Sendero Luminoso, grupo terrorista de orientación maoísta, recibía cada año más de cien millones de dólares por proteger las actividades del narcotráfico, dinero con el que financió acciones armadas contra la población civil, la fuerza pública y la infraestructura económica peruana.

Las cifras denunciadas son preocupantes, pues se aseveró que las avionetas de los narcotraficantes realizaban alrededor de diez mil vuelos clandestinos al año en la zona del Huallaga; y que, por cada sobrevuelo, desembolsaban un *impuesto de guerra* de quince mil dólares. Debilitado el Sendero Luminoso después de la espectacular captura de Abimael Guzmán, las Farc asumieron parte de ese control en otros departamentos peruanos fronterizos con Colombia.

A renglón seguido en Mato Grosso, Brasil, el corresponsal del periódico *El Mundo* de España, advirtió que las entidades que luchan contra el narcotráfico en Sudamérica poseen claros indicios de que las mafias colombianas trasladaron su infraestructura a Perú, debido a que la ofensiva lanzada contra las Fuerzas Armadas Revolucionarias de Colombia (Farc), afectaba a la libertad de acción de los *narcos*, dejando bloqueados, cuando no destruido sus laboratorios de síntesis de cocaína.

Para complementar la información, Rosemary Granados, militante del grupo Sendero Luminoso, capturada por el Ejército peruano, reveló que los guerrilleros colombianos ya habían montado un laboratorio de procesamiento de coca al oeste de la localidad colombiana de Leticia, sobre territorio peruano.

Pero la pobreza crónica es factor determinante en la dinámica del narcotráfico en las selvas putumayenses. Dicha conclusión se desprende de la carta anónima enviada por un desesperado ciudadano a un importante medio de comunicación limeño:

> —Mientras que el ministro de Defensa, Aurelio Loret de Mola, reconoce las incursiones aisladas de guerrilleros de las Farc en territorio peruano y anuncia que reforzará el resguardo militar y policial en la frontera con Colombia, los peruanos de El Estrecho-Putumayo deben enfrentar la pobreza, resumida en la carencia de servicios básicos y de escuelas para sus hijos. Además del desempleo, que muchas veces los obliga a emigrar, pero al otro lado de la frontera la realidad es otra.

Con el análisis especializado sobre algunos documentos incautados por el Ejército colombiano al bloque sur de las Farc en enero de 1996, quedó demostrado que los narcotraficantes de la zona de Cocará en territorio peruano pagaban una cuota extorsiva a las Farc para que los guerrilleros les permitieran el despegue y aterrizaje de aeronaves cargadas con productos, coca o dinero en efectivo.

Años después, el fiscal peruano Juan Malca señaló ante los medios de comunicación de su país que en la zona del río Putumayo limítrofe entre Colombia y Perú sobresale la presión de la guerrilla colombiana para promover la *siembra de hoja de coca* a ambos lados de la frontera, de manera simultánea a la instalación de los laboratorios ilícitos para la obtención de pasta básica de cocaína.

El señor Malca aseguró:

> —Se ha detectado una expansión incontrolada de sembradíos de coca en las provincias peruanas de Maynas, Requena, Nauta y Ucayali, específicamente en los distritos del Putumayo que abarca toda la cuenca del río del mismo nombre en el departamento de Loreto.

Dicha información fue confirmada por la Policía Nacional especializada en inteligencia antidrogas:

> —Las Farc ingresan en nuestro territorio mediante actividades del narcotráfico y no en columnas armadas, ni en uniforme, como se especula.

En febrero de 2004, tropas del ejército colombiano abatieron en la selva amazónica limítrofe con el Perú al cabecilla del frente Amazonas de las Farc, responsable del manejo de ingentes sumas de dinero derivadas del narcotráfico. La exitosa operación fue el corolario de una intensa persecución conjunta entre unidades militares colombianas y peruanas, iniciada en la frontera sur del legendario río Amazonas contra las redes de narcotraficantes y guerrillas móviles que actúan en la convulsionada zona.

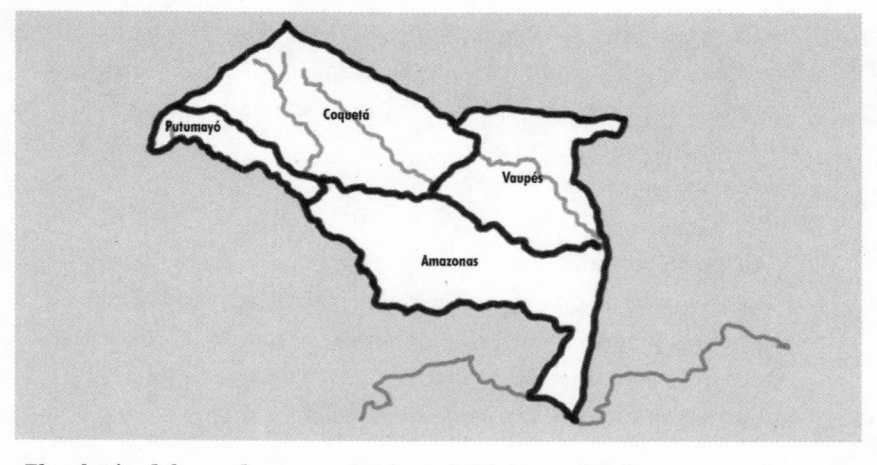

El pulmón del mundo se convirtió en el del dispendio de coca, producto de la estrategia del narcoterrorismo.

IV

GUERRILLAS, TERRORISMO Y NARCOTRÁFICO EN COLOMBIA

IMPORTANCIA ESTRATÉGICA DE LA CAPTURA DE SIMÓN TRINIDAD

EL CRECIMIENTO DE LAS FARC es coetáneo con el auge del narcotráfico en el periodo final de la guerra fría, la primavera del terrorismo, el tráfico de armas y el blanqueo de ingentes sumas de dinero, sumados al grave fenómeo de la corrupción política y administrativa.

La inmersión de las Farc y el Eln con el narcotráfico surge de manera coyuntural en 1980 y con el paso del tiempo deja de ser un medio para vivir en un fin dentro de la estrategia general de la guerra revolucionaria, planteada para cambiar el viejo modo de vivir en Colombia.

Comprometidas en el tráfico de narcóticos, las guerrillas colombianas desatan un *modus operandi* fundamentado en acciones de barbarie y devastación masiva, orientadas a demostrar poderío armado suficiente para condicionar la acción estatal, ante las imposiciones calculadas desde el secretariado del grupo terrorista.

El arte de la guerra determina que en el combate existen importantes éxitos tácticos, con especiales connotaciones estratégicas. Tal es el caso de la captura en territorio ecuatoriano del ex-banquero Simón Trinidad, después convertido en terrorista y narcotraficante internacional, rodeado por una serie de especulaciones y declaraciones de prensa que dan la sensación de desenfoque, frente al punto medular del asunto.

Sean cuales fueren las circunstancias y el ambiente operacional en que cayó Trinidad en manos de las autoridades, lo sustancial del asunto son las repercusiones que este hecho tiene para el triángulo letal, en el proceso de guerra y paz, el acuerdo humanitario, la proyección estratégica de las Farc, los intereses de la Unión Europea y los Estados Unidos en la lucha contra el terrorismo internacional, el compromiso del gobierno ecuatoriano de erradicar los agentes generadores de violencia colombiana que traspasaron las fronteras, y el mensaje claro y directo para los gobiernos de Brasil y Venezuela en torno al tema.

Simón Trinidad es el cerebro de la estrategia financiera que cambió la concepción parroquial de las guerrillas campesinas, que sin importar el tiempo madurarían las condiciones para lanzar la ofensiva generalizada a largo plazo, tomando como *centro de despliegue general* la cordillera oriental y el *anillamiento* progresivo de la capital de la república.

Con la inmersión en el narcotráfico, las guerrillas comenzaron a recibir ingentes sumas de dinero que sobrepasaron sus capacidades gerenciales y ocasionaron sonados casos de fugas de guerrilleros con importantes botines, con los casos concretos de Javier Delgado, Luis Ángel Rossi, Jaime Guaracas, fundador *marquetaliano*[101], y otros cabecillas.

---

[101] Estuvo con *Tirofijo* y Jacobo Arenas en Marquetalia-Tolima en 1964, cuando fueron fundadas las Farc.

La captura de Simón Trinidad, el exbanquero y posterior terrorista de las Farc, en Quito-Ecuador, como consecuencia de una articulada operación de inteligencia trilateral de Colombia, Estados Unidos y Ecuador, es el golpe de mayor importancia estratégica propiciado a las Farc durante toda su historia, dados el curriculum del capturado, su alto nivel intelectual y el conocimiento de los entuertos de las finanzas y el blanqueo de dinero que el capturado manejaba en nombre de las Farc, dentro y fuera de Colombia.

Además el dinero ilícito abrió las puertas a los jefes de las Farc para contactar con terroristas de Ira, Eta y el entorno musulmán.

En medio de la coyuntura de riqueza inesperada, llegó a las Farc Simón Trinidad, hombre con relaciones en el alto mundo de las finanzas, la economía y los negocios; conocedor de los vaivenes de las bolsas nacionales e internacionales, sabedor de las triquiñuelas para crear empresas fantasmas con capacidad de *blanquear dinero* en paraísos fiscales y auspiciar organizaciones no gubernamentales, capaces de conducir la guerra jurídica y la estrategia de ablandamiento de las fuerzas militares, por medio de acusaciones tendenciosas y lo que en un momento dado se denominó *síndrome de la procuraduría*.

Por esa razón Trinidad, que en principio fue uno de los cabecillas de la cuadrilla 41 en la Costa Atlántica, no podría ser ni miembro del *Estado Mayor Central*, ni encargado del *bloque Caribe*, ni tener mando directo sobre ninguna *estructura fariana*, pues allí perdería tiempo en la preparación y ejecución de la estrategia financiera, proyectada hacia la adquisición de aeronaves y embarcaciones fluviales, para lanzar la ofensiva generalizada como reza en los últimos plenos de las Farc y las conferencias guerrilleras de 1982 y 1993.

El elevado nivel intelectual del economista Simón Trinidad, sumado al conocimiento detallado de la personalidad de los erosionados dirigentes colombianos, fueron factores decisivos para que *Tirofijo* jugara dos cartas durante las insulsas conversaciones con la administración Pastrana y a la vez tuviera a un hombre hábil, con cualidades para relacionarse con las mafias internacionales de drogas, armas y los grupos terroristas europeos o asiáticos, y que, como valor añadido, hablaba varios idiomas.

Por una parte, garantizaba tener a su lado a un terrorista con sólida formación académica, que podría discutir diversos puntos de vista económicos o políticos con delegaciones internacionales, a la vez que tendría cerca a alguien con amplio conocimiento de la dirigencia política y empresarial colombiana, así como al cerebro de la estrategia financiera y la proyección económica del grupo terrorista, que incluía la expedición de la célebre *ley 002 de las Farc* para exigir cuotas extorsivas *voluntarias*.

Por otra parte, Trinidad impulsó las relaciones con los traficantes de armas y drogas ilícitas en Perú, Brasil, Venezuela, Ecuador, Guayanas, Panamá, Costa Rica, Guatemala, México, España y los Estados Unidos; urdió tramas propias de la banca ilegalmente orientada, para manejar en los *paraísos fiscales* una ingente cantidad de dinero recaudado por narcotráfico, secuestros, extorsiones y beneficios en inversiones blanqueadas.

Esto explica por qué de un momento a otro, las Farc comenzaron a cobrar los secuestros en dólares y después en euros, e incluso se rumoreó con insistencia que la creciente oferta de dólares en el mercado de cambio colombiano, a comienzos de 2002 y mediados de

2004, provenía de dinero guerrillero en circulación dentro de la economía legal.

Por simple deducción, es fácil concluir que la astucia y la concepción integral de Simón Trinidad acerca de su *enemigo de clase* se reflejó en el audaz atentado terrorista contra el Club *El Nogal*, pues solo una persona como él sabía en las Farc cómo infiltrar y golpear lo que denominan como a *la burguesía donde más les duele*.

En otra tarea que jugó papel preponderante Trinidad fue en la coordinación de terroristas *etarras* e irlandeses para preparar a los de las Farc, pues los contactos iniciales hechos por las ONG´s de izquierda en Europa para el viaje de los tres instructores requerían de una persona que hablara inglés y ese era Simón Trinidad, quien llegó a ellos por medio de representantes de Eta en Cuba, Venezuela y México.

No será fácil para las Farc reemplazar a Simón Trinidad, en una labor que antes cumplieron sin igual trascendencia, Raúl Reyes, Marcos Calarcá, Olga Marín la hija de *Tirofijo*, Andrés París, y en la que también están inmersos los hijos de Jacobo Arenas y los hijos de

Olga Marín, avezada y habilidosa en establecer las relaciones internacionales de las Farc en el exterior de Colombia. Ha tenido contactos con Eta y el Ira, así como con el régimen sandinista de Nicaragua y con el locuaz presidente venezolano Hugo Chávez. Además es una de las asesoras directas del movimiento indigenista en Bolivia. Mantiene contactos con narcotraficantes centroamericanos y mexicanos para hacer los envíos de drogas hacia España y Estados Unidos.

antiguos dirigentes del Partido Comunista Colombiano, enclaustrados en organizaciones no gubernamentales europeas, dedicadas a la propaganda política permanente a favor del movimiento guerrillero colombiano.

El otro punto importante es lograr la cooperación sin ambigüedades y decisiva del gobierno ecuatoriano, para desvertebrar la intrincada red de apoyo y asistencia logística que durante casi veinte años han instalado de manera paciente las Farc en el Ecuador, territorio donde, desarmados, evaden la persecución de las autoridades colombianas y, afianzados en la clandestinidad, contactan con traficantes de drogas para exportar enormes cantidades de coca hacia Europa, Estados Unidos y Japón, importan productos, ingresan armas, explosivos y uniformes para las guerrillas, y desde luego atención médico-odontológica para guerrilleros enfermos.

La captura de Simón Trinidad es una muestra fehaciente de la necesidad de la cooperación internacional en la lucha contra el terrorismo, y una puntada de alerta para los demás países fronterizos, pues indica que si los Estados Unidos ayudaron con actividades de inteligencia para capturar a Trinidad, naturalmente ya conocían la cercanía o connivencia de otros estados vecinos con las guerrillas colombianas.

En el orden interno, la captura de Trinidad obligó a las Farc a la realización extraordinaria de un *pleno ampliado del Estado Mayor Central, el secretariado* y los cabecillas de bloque y frente; para evaluar los resultados operacionales matizados con las crecientes bajas y capturas de cabecillas y ayudantías, es decir, guerrilleros sin mando directo de estructuras *farianas,* con poder decisivo dentro de la organización.

Al finalizar el año 2000, las Farc contaban con más de 22.000 hombres en armas, y casi 3.000 de ellos cualificados como cuadros político-militares, con capacidad de producir ofensivas sincronizadas para desestabilizar el entorno del orden público, después de un extenso periodo de reentrenamiento militar y progresiva labor de los *círculos bolivarianos* para fortalecer los corredores de movilidad de las cuadrillas.

En conclusión, la captura de Simón Trinidad es un resonante éxito táctico con serias connotaciones estratégicas que, de repetirse con algún otro cerebro guerrillero, puede colocar la balanza de poder a favor del Estado colombiano, con la circunstancia agravante de que los familiares de los secuestrados tendrán que esperar mas tiempo y confiar en la eventualidad de rescates por sorpresa, porque las Farc optarán por la línea de la guerra contra objetivos económicos y políticos rentables, para aliviar la presión del gobierno.

LA CAPTURA DE *SONIA* EN EL CORAZÓN COQUERO DE LAS FARC

EN ENERO DE 2004, las autoridades mexicanas capturaron en ese país a Juan Pablo Rojas López, conocido con el alias de *El Halcón*, quien figuraba en los archivo de la policía mexicana como jefe de una red de traficantes de cocaína que abastecía a los cárteles aztecas, que despachan los cargamentos hacia Estados Unidos, Canadá y la Unión Europea.

En las declaraciones ante los organismos investigadores, Rojas López admitió haber sido reclutado por los hermanos Víctor y Manuel Mejía Múnera, cabecillas de una organización de narcotraficantes colombianos conocida como *Los Mellizos*, quienes, según las autoridades mexicanas, delinquían en alianza con las Farc. Curiosamente, cuando se iniciaron los diálogos de paz con las autodefensas, apareció uno de *Los Mellizos* entre los jefes de las autodefensas, lo cual indica que las mafias del narcotráfico se mueven al mejor postor o cambian de bando de acuerdo con las conveniencias, pero no tienen ideales políticos, igual que sucede con los traficantes de armas que, por el afán del lucro, *venden su alma a Dios y al diablo*.

En la condición de enlace de la banda, *El Halcón* recibía en México dos toneladas mensuales de droga. Basándose en las investigaciones derivadas de este golpe, las autoridades hallaron nuevos elementos de juicio, que un mes después coadyuvaron a la captura de Nayibe Rojas Valderrama, conocida con el alias de *Sonia*, considerada por las organismos de inteligencia colombiana como la jefa de finanzas del bloque sur de las Farc.

Un agente de la *Dea*, asignado al rastreo de las operaciones de narcóticos realizadas por las Farc en Panamá, explicó ante los medios de comunicación que la investigación que empezó en el lobby del Hotel Marriot y culminó con una espectacular operación militar de asalto helitransportado, condujo a la captura de Nayibe Rojas Valderrama, más conocida con el alias de *Sonia*, quien negoció diversos cargamentos de drogas con mafias internacionales a favor de la guerrilla colombiana.

El minucioso seguimiento de inteligencia indica que, a principios de 2002, se efectuaron dos reuniones privadas entre un representante del secretariado de las Farc y cuatro compradores europeos, seguidas por otras coordinaciones clandestinas en la discoteca *Bear House*, sitio de esparcimiento que de día vende almuerzos económicos a siete dólares cada uno, pero que en horas nocturnas es un sitio de encuentro para delincuentes internacionales.

De acuerdo con la versión del agente antidrogas, *Sonia* arribó en agosto del mismo año a Ciudad de Panamá y se alojó en el hotel Continental, ubicado en el sector antiguo de la capital. Mientras tanto y, para coordinar las mismas actividades, su compañero, Diego Giraldo Santa Fe, conocido con el alias *El Flaco,* y el enlace panameño Carlos Rojas, se hospedaban en la casa de un amigo en Playa Blanca, a una hora de distancia.

Pocos días después, los tres se reunieron en el *Bear House,* lugar del que según el análisis del agente de la *Dea*, hasta *los dueños estaban metidos en el negocio*, puesto que *Sonia* Rojas y otros acordaron introducir un cargamento de cuatro toneladas de cocaína en paquetes de 500 kilos. Para dar mayor certeza a los compradores de la seriedad del negocio, *El Flaco* solicitó a *Sonia* que explicara las garantías de la entrega, y ella respondió:

–Tan pronto tenga en mi poder parte del dinero, volveré a Colombia para despachar toda la mercancía.

Los compradores consignaron en una cuenta de Panamá un millonario cheque en dólares. Sonia esperó hasta que el cheque se hizo efectivo, porque debería regresar a Colombia con parte del dinero.

–El 30 de agosto, guerrilleros del bloque sur de las Farc avisaron desde el Caquetá que la mercancía ya estaba puesta y que Carlos Rojas, que fue capturado en Panamá el 5 de marzo de este año, se encargaría de hacerle llegar el efectivo restante a Sonia–, dijo el agente.

Con paciencia, la *Dea* y las autoridades panameñas esperaron hasta que se produjeran las primeras entregas. El 3 de septiembre, decomisaron 700 kilos de coca en las bodegas de la compañía *Intercross Trading Corp*, camuflados en un lote de neveras. Al mismo tiempo, en la localidad de San Carlos, costa oeste de Panamá, incautaron otros 500 kilos de cocaína pura. Los paquetes estaban marcados con calcomanías de *Hello Kitty*. Cuatro colombianos, dos panameños y un mexicano fueron capturados.

–La otra droga *alcanzó la orilla*[102], pero el dinero para las Farc no pudo entregarse completo. El negocio no salió como se esperaba–, aseguró el agente de la *Dea*.

---

[102] Llegó a su destino final.

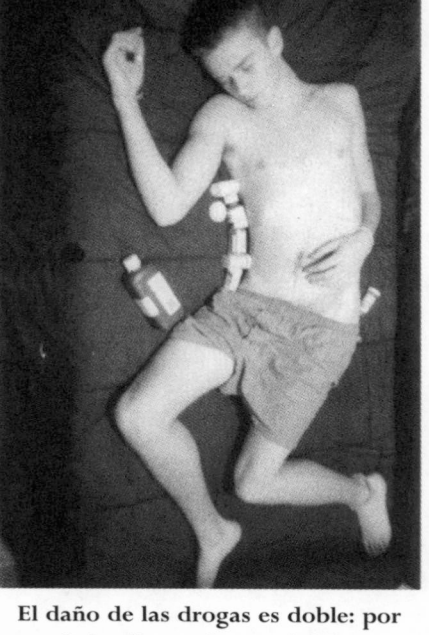

El daño de las drogas es doble: por un lado afecta a la paz del Tercer Mundo y, por otro, destruye la juventud del Primer Mundo.

La respuesta del bloque sur de las Farc no se hizo esperar:

—Los camaradas necesitan que *El Flaco* viaje a Florencia. *Sonia* lo está buscando con urgencia.

La última semana de octubre, *El Flaco* se comunicó por teléfono vía satélite con la jefe guerrillera. Le dijo que el asunto del dinero se podía arreglar, pero que con los compradores a los que no se llegó a entregar la cocaína, el problema era diferente.

—Los guerrilleros no entienden cómo funciona la compra. Estos hombres solo pagan si la mercancía se entrega—, comentó *El Flaco* a Carlos Alberto Londoño Ulloa, otro de los capturados el 5 de marzo, porque según resultados de la investigación conducida por las autoridades judiciales en Panamá y Colombia, sirvió de enlace para habilitar otras rutas hacia Estados Unidos y Europa.

En menos de una semana entró la segunda llamada al teléfono vía satélite en Caquetá, en la que *Sonia* pidió que le enviaran una relación detallada de lo que se había entregado en el último semestre y los nombres de los *socios o clientes*.

Como respuesta, desde Panamá Carlos Rojas envío a Florencia-Caquetá un documento de tres páginas por fax, escritas a ordenador, con la información de las últimas transacciones. Sin embargo, para *Sonia*, la relación no resultó satisfactoria. Esa fue una de las piezas que utilizó la Fiscalía y Ejército para preparar la operación en la que cayó la guerrillera.

Por esa razón, en la segunda semana de diciembre, *El Flaco* viajó a Colombia y en Montañita-Caquetá contactó con Leonel Rojas Valderrama, hermano de *Sonia*, que lo llevó hasta los campamentos del bloque sur, en el Medio Caguán.

—Cuando *El Flaco* regresó a Panamá, trajo el mensaje de que había que ponerse *muy pilas* con el negocio, porque los jefes estaban molestos y que le había costado mucho contentarlos—, agrega el agente de la Dea[103].

A mediados de enero de 2004 en *Bear House*, *El Flaco*, Londoño Ulloa, Carlos Rojas y tres personas más acordaron los términos de la operación y aparte de 600 kilos incautados por las autoridades, otro envío de las Farc, de más de siete toneladas, *coronó* casi intacto en Panamá.

Fue el último envío coordinado por *Sonia*, antes de ser capturada en La Esperanza, área rural de Cartagena del Chairá, la noche del 9 de febrero por tropas de la Brigada Contra el Narcotráfico, unidad militar que también detuvo a su hermano Leonel y a quince colaboradores de las Farc mediante una operación militar en la que intervinieron 120 efectivos en ocho helicópteros y el apoyo de funcionarios del Cuerpo Técnico de Investigaciones de la Fiscalía CTI, quie-

---

[103] El informe oficial de la Dea sostiene que en la reunión de rendición de cuentas, además de *Sonia,* estuvo Fabián Ramírez, y que allí se acordaron los términos de otra transacción de narcóticos.

nes, en coordinación con el Ejército, le siguieron la pista durante un año.

De acuerdo con los minuciosos archivos consignados en el extenso informe emitido por un juez federal del Distrito de Columbia, *Sonia* coordinó en los últimos cinco años el envío de 600 toneladas de cocaína pura a Estados Unidos, ventas ilícitas que generaron ganancias a las Farc superiores a los treinta mil millones de dólares.

Sonia era la persona de confianza de José Benito Cabrera, alias Fabián Ramírez, jefe del frente 14, y de Joaquín Gómez, jefe del bloque sur de las Farc, y que además tenía a su cargo el manejo de las finanzas de los frentes 14, 15, 38, 48 y 49, dedicados de lleno al narcotráfico.

Por las manos de Sonia pasaba casi el 50 por ciento del total de recursos de las Farc. Además, la Fiscalía la acusa de planear y ejecutar varios ataques en Caquetá y Putumayo, y de cometer asesinatos y torturas en la zona del Caguán.

El Ejército colombiano confiscó a *Sonia* un ordenador portátil con la información que *El Flaco* envió desde Panamá y con fotografías de la reunión realizada en plena selva, para exigirle concretar los negocios. Siete enlaces de *Sonia* y *El Flaco*, detenido en Manizales, cayeron el 5 de marzo en el *Bear House*. En total hoy hay 35 capturados.

Según las autoridades estadounidenses y la Fiscalía colombiana, se trata de varios de los mismos hombres que en el pasado sirvieron al cártel de Medellín y que las Farc volvieron a convertir en personajes *operativos*.

—Los hombres que trabajaron con Noriega y que resistieron la invasión *gringa* y los gobiernos posteriores fueron los contactos—, puntualizó un funcionario panameño, en entrevista con el periódico *El Tiempo* de Bogotá. El 10 de abril de 2004, *Sonia* fue reclamada en extradición por los EE.UU.

LAS MARCHAS COCALERAS

MIENTRAS QUE EL ESTADO COLOMBIANO sostuvo la versión y demostró que las marchas cocaleras, que paralizaron dos departamentos en 1996, fueron orientadas y dirigidas por las Farc, la versión pública de los cocaleros presionados por los guerrilleros, fue que protestaban contra la política de fumigaciones de cultivos ilícitos, adelantada por el gobierno en las zonas de la Amazonia.

Pasado el tiempo, los cultivadores reconocieron el protagonismo de la guerrilla en el auspicio de la movilización, como se desprende del testimonio de un traficante. Mientras que las Farc lucraban sus arcas para desangrar a Colombia, Eta, Ira y Al Qaeda también percibían recursos ilícitos del mismo negocio para preparar actos terroristas contra sus enemigos. Por descoordinación, el fenómeno aún no ha sido entendido en su verdadera dimensión por los agredidos que, en términos globales, son todos los países de la llamada "democracia occidental".

—Es mentira que el narcotráfico pagó el coste de las marchas cocaleras. Eso lo ideó directamente la guerrilla, ellos fueron los gestores. Uno por tener su finca, por ser de tal parte, tenía que llevar remesas. Usted tiene que hacer esto y lo otro. Se necesita que usted dé 30 estufas, que dé 30 pares de botas, que dé una vaca.

—Pero que el *narco* haya financiado el paro, no. Le tocó por obligación, por fuerza: decían a la gente que la marcha se iba a hacer por las fumigaciones. Pero sobre todo por la presencia del Ejército, porque lo de las fumigaciones no fue tanto. Incluso la guerrilla decía que tenían que desalojar Remolino y así el Ejército no tendría ningún motivo para estar allí, porque no había población civil. El Ejército debe estar donde hay población civil, y donde no hay población civil, pues no tienen nada que hacer.

—El interés primordial era demostrar al Gobierno que la guerrilla puede poner al país en jaque, y al Ejército que ellos hacen lo que dicen. En segundo lugar, proteger al campesinado con el argumento de la no-fumigación, pues desde que haya coquita hay plata, hay para todo. Pero no creo que los guerrilleros hayan hecho el paro, únicamente y exclusivamente para favorecer al campesino.

De la misma manera, las Farc aceptaron haber tenido un papel fundamental tanto en la preparación como en el desarrollo de las marchas cocaleras, como lo atestiguó un guerrillero ante un grupo de académicos de la Universidad de Florencia-Caquetá.

—Para hacer esas marchas, fue un trabajo diario con cada una de las veredas, realizando balances, recolección de los dineros y preparando toda la infraestructura. Eso duró casi seis meses y, claro, hubo un trabajo de concienciación. A la gente se le explicó el efecto de las fumigaciones. Se entendía que era la defensa por la subsistencia, que las fumigaciones les podían truncar todo su proyecto económico.

—Sabíamos que si la gente se había metido en los cultivos de coca como medida extrema para tener un nivel medio de subsistencia, con esas fumigaciones tendrían unas implicaciones y de hecho eso fue así. La economía se ha deteriorado, incluso la ciudad de Florencia ha tenido una depresión de todo el comercio, el transporte, la construcción y todos los renglones que giran alrededor de los cultivos de coca se han visto afectados.

—No podemos separar la guerrilla del contexto de la problemática de esa región. Somos vanguardia política en esa
región. Somos una organización dirigente que proyecta,
que traza planes, que compromete a la población dentro de
sus luchas. El movimiento armado tiene una visión mucho
más esclarecida de la problemática, de cómo reaccionar y
de cómo organizar la respuesta popular frente a ese tipo de
situaciones. Nunca podemos decir que el movimiento guerrillero no tuvo nada que ver con las marchas.

DAÑOS AL ECOSISTEMA

EN TÉRMINOS AMBIENTALES LA SIEMBRA DE AMAPOLA Y COCA, con la
consecuente producción de heroína y cocaína, tiene efectos desas-
trosos, porque se tala y quema muchísima selva primaria en ambien-
tes frágiles. En el caso de la amapola, en los valles andinos altos, y en
el caso de la coca, en la Amazonia y la Orinoquia. Para sembrar una
hectárea de cualquiera de las dos, los narcotraficantes derriban tres
o cuatro hectáreas de bosque. Ese guarismo induce a pensar en la
dimensión del daño ecológico, en el mero intento de calcular la cantidad de hectáreas de bosques arrasados en Colombia durante los
últimos 20 años.

Existe información parcial acerca de los efectos nefastos para el
medio ambiente, ocasionados por la destrucción de la selva amazónica. Sin embargo, es poco lo que se sabe en relación con la deforestación de la flora andina, también denominada selva nublada, bosque
húmedo o bosque de agua, porque de ella nacen los ríos colombianos. En otras palabras, es la fábrica de agua del país, incluso en el
verano.

La destrucción de esta flora produce inundaciones en el invierno
y sequías en el verano. Para rematar la desgracia de la zona andina

afectada por el narcotráfico, la erosión que resulta en las pendientes desprotegidas fuerza a los *amapoleros* a desplazar los cultivos ilícitos a otros terrenos, lo que equivale derribar más bosque húmedo. El cultivo de la amapola es una amenaza real para la biodiversidad y para el suministro de agua a los colombianos en un futuro no tan lejano.

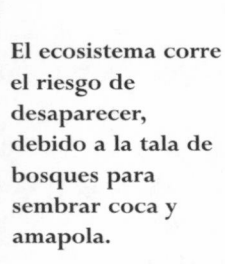

El ecosistema corre el riesgo de desaparecer, debido a la tala de bosques para sembrar coca y amapola.

Otro aspecto preocupante es la contaminación del medio ambiente producida por los llamados *precursores químicos*, utilizados para procesar las drogas, y por el uso masivo de fertilizantes y plaguicidas en los cultivos ilícitos, además de las enfermedades producidas por los productos químicos a la población que trabaja en las *chagras, raspaderos* y laboratorios.

El daño ocasionado al medio ambiente por las fumigaciones con Glifosato o Tibuthiurón es relativamente menor. Los efectos medioambientales de la lucha anti-droga son indirectos, pues se relacionan con la forma como reaccionan *cocaleros* y *amapoleros* frente a la fumigación de los cultivos ilícitos.

Algunos abandonan el cultivo, pero la mayor parte a veces por falta de alternativas laborales y económicas, orientados por las Farc, se mudan selva adentro, para sembrar en tres o cuatro sitios diferentes en medio de cultivos de yuca y plátano, con el fin de ocultarse de la visibilidad de los aviones de reconocimiento. En este proceso se destruye aún más selva.

El argumento es que el campesino que tiene sembradas dos hectáreas de coca no es un delincuente similar al narcotraficante que cultiva 75 hectáreas con fines comerciales. El camino para solucionar el problema será el del desarrollo alternativo iniciado por el Plan de Erradicación Voluntaria de Cultivos, *Plante,* con la impostergable ayuda de la comunidad internacional inmersa en el fatídico triángulo armas-terror-drogas.

El concepto general del desarrollo alternativo proyecta infraestructura vial y soluciones de salud pública, créditos blandos, asistencia técnica agropecuaria y el cultivo de productos lícitos alternativos, como lulo o palmito. Son alternativas sostenibles, impulsadas a través de programas comunitarios con el seguimiento del Estado colombiano y los países inversores.

La experiencia del *Plante* muestra que si la mayoría de los campesinos tienen la oportunidad, abandonan el cultivo ilícito y se alejan de la violencia con todos los males conexos que conllevan la coca y la amapola. Pero no todos son receptivos al desarrollo alternativo, pues más de la mitad de la coca y la amapola es cultivada por grandes narcotraficantes al servicio directo o indirecto de los cárteles tradicionales, las guerrillas comunistas y las autodefensas, poco interesados en el desarrollo alternativo. Por lo tanto no queda otra opción para el Estado colombiano que la represión.

La producción indiscriminada y clandestina de coca deforesta los bosques y la selva virgen, contamina las aguas y contribuye a la erosión de los suelos. Las cocinas o laboratorios de procesamiento de la pasta operan en las zonas selváticas de la Amazonía, sin tomar medidas de protección de los ecosistemas y la biodiversidad de la región, pues el tratamiento de los 22 precursores químicos que se utilizan en el proceso se hace sin ningún control del impacto ambiental que causan los desechos en suelos y aguas.

El efecto ocasionado por las fumigaciones con Glifosato o Tibuthiurón empieza a interesar a Ong's ambientalistas, frente a la nefasta influencia de la producción de coca en los ecosistemas de los países productores.

No legalizar la droga, por la supuesta repersecución en los estándares de salud en las sociedades norteamericana y europea, parece ser un sofisma de distracción. En Estados Unidos el consumo de drogas afecta al 10% del total de su población, lo que constituye costes económicos por más de 110 billones de dólares, según lo expresó el general Barry Mc Caffrey cuando ocupó la jefatura de la oficina antinarcóticos de ese país. En España y el resto de Europa es menor, pero el comercio de alcaloides va en ascenso, por el aumento de consumidores.

Un campesino se lleva a su hijo lejos de la destrucción. Son los niños de la guerra, que viven la violencia de una forma dramática, muchas veces sin comprender nada de lo que pasa a su alrededor. El narcoterrorismo no entiende de edades en ninguna parte.

El desastre ecológico derivado de la pérdida de mas de 39 millones de hectáreas de bosque en el país, a causa del conflicto armado, fue revelado en un intenso debate académico organizado por siete instituciones y realizado en la Universidad de los Andes de Bogotá.

Algunos de los puntos tratados hicieron hincapié en que 629.000 hectáreas de la reserva forestal tienen caminos abiertos durante el año 2000, con maquinaria robada o llevada por las Farc a la zona de distensión, con el beneplácito silencioso del presidente Andrés Pastrana.

Los terroristas abrieron una enorme brecha en medio de la vegetación tupida de la Serranía de la Macarena y consolidaron 220 kilómetros de carretera en el área selvática del cañón del río Duda, e incluso afectaron a Caño Cristales, considerado por algunos ambientalistas como el río más hermoso del mundo, al igual que otras corrientes de agua como Caño Indio, Yarumales y Canoas.

Por otra parte en la ciénaga de Betansí-Córdoba, las autodefensas construyeron un puente que partió en dos la importante reserva ecológica. Entretanto, proliferan cultivos de amapola en el nacimiento de 57 ríos originados en los páramos del Macizo Colombiano. La situación de la zona es tan crítica que la Corporación Regional del Cauca pidió al gobierno declarar el Estado de Emergencia. Según cifras procesadas por el Ministerio del Medio Ambiente, por cada hectárea sembrada de coca se destruyen tres de bosque y por una de amapola se pierden dos y media.

Tal es la magnitud de los daños ecológicos, sin sumar los ríos que terminan extinguidos ni la destrucción de la fauna o creciente depredación de los animales de monte por parte de los grupos ilegales en conflicto por el control del narcotráfico.

Según Darío Fajardo, oficial de programas de la Fao[104], estudios del Instituto Agustín Codazzi dejan claro que en Colombia se han

---

[104] Fondo de las Naciones Unidas para el fomento de la agricultura.

La etnia guambiana del Cauca ha padecido los rigores de la guerra y la persecución inmisericorde de las Farc. Vestidos con sus atuendos típicos los indígenas observan la destrucción parcial del centro histórico del municipio de Silvia, producto de un ataque terrorista de la sexta cuadrilla de las Farc. Cortesía del E-5 del Ejército Nacional.

praderizado para la ganadería 39 millones de hectáreas, además de los efectos de la guerra, que originan desplazamientos en el 10 por ciento del territorio, presencia de minas antipersonas que afectan a áreas de producción agrícolas o caminos, fumigaciones —que no son inocuas— y la destrucción de los páramos, de donde viene el agua consumida en las ciudades.

Pero además, la concentración de la propiedad agudiza el conflicto, porque el 0,6 por ciento de la población controla más del 60 por ciento de la tierra cultivable del país. Y lo que es más grave, las 130.000 hectáreas de cultivos ilícitos afectan a un entorno de 390.000 hectáreas, por causa de la deforestación, la contaminación y las fumigaciones.

Un estudio del Ministerio de Agricultura señala que el monopolio eleva los precios en las zonas arroceras hasta en un 31 por cien-

El deprimido municipio de Cajibio Cauca pagó caro la altivez y la dignidad de rechazar la presencia de las Farc, motivo por el cual fue declarado objetivo militar y, en consecuencia, arrasado.

to. Por lo tanto Fajardo insiste en que la mejor solución está en romper con la concentración territorial y el monopolio de la tierra.

Dentro de ese esquema, proseguirá el deterioro del medio ambiente mientras no se solucione el conflicto territorial. Hay una guerra económica contra los pequeños propietarios, desplazados por la violencia y despojados de sus parcelas en áreas donde las Farc o las autodefensas sembraron el terror, con la consecuencia negativa que cada día que pasa hay menos bosques y fauna.

Estudios elaborados por el Ministerio del Medio Ambiente, señalan que 2.600 kilómetros de ríos y quebradas han recibido el impacto destructor de derrames de crudo como consecuencia de los atentados terroristas perpetrados contra los oleoductos por las Farc y el Eln. Además, cerca de 1.600 hectáreas de ciénagas han sido contaminadas por estas acciones violentas, que de paso afectan a la fauna, a la flora y envenenan las aguas de consumo humano por los campesinos en inhóspitas zonas tropicales.

El empleo de insecticidas, herbicidas y fungicidas en el cultivo y el procesamiento de narcóticos produce la mortandad de peces y de aves de corral. A finales de 2000 y principios de 2001 se introdujo en el departamento del Putumayo la siembra alternativa de yuca que, según versiones de los afectados, fue arrasada por las fumigaciones. No obstante, durante el año 2001, se asperjaron en todo el territorio colombiano 4,5 millones de litros de pesticidas tóxicos, como el paraquat y el clordano, para destruir los cultivos ilícitos[105].

El investigador Ricardo Vargas asegura que durante el año 2000 se cultivaron 14.026 hectáreas de coca y 155 hectáreas de amapola en los resguardos indígenas, lo cual alteró las relaciones de estas comunidades con su entorno natural, trastornó su tradición y cultura e introdujo violencia y factores de desestabilización social.

Los sitios afectados por la guerra y el narcotráfico abarcan territorios de la Costa Atlántica, Amazonas, Nariño, los Llanos. Al norte de Colombia, la Sierra Nevada de Santa Marta incluida la famosa Ciudad Perdida de la etnia arahuaca, es uno de los entornos de la biodiversidad más azotados por las incidencias del conflicto armado.

Al sur del país, el Macizo Colombiano con el nacimiento del Magdalena y otros 54 ríos que suministran el 70 por ciento del agua que consume el país, es otro engranaje del ecosistema agredido por los efectos del triángulo letal y, por desgracia, uno de los pocos sitios con diagnóstico de alto estado de degradación ambiental[106].

---

[105] Se calcula que para el año 2000, las Farc y los narcotraficantes, habían derribado 14.500 hectáreas de bosque de los parques naturales colombianos para sembrar coca, marihuana y amapola.

[106] Seis mil biólogos se quejan de que hay muchas regiones que requieren su presencia para continuar proyectos de investigación, pero tienen que hacer en sus oficinas estudios virtuales por temor al secuestro, al asesinato y a las minas antipersona, que instalan guerrilleros y autodefensas en medio de la obsesiva guerra por el control del narcotráfico. El 50 por ciento de municipios se enfrenta a la escasez de agua por deterioro de pára-

Colombia perdió 667.285 hectáreas de bosques entre 1994 y 2001, especialmente en la Amazonia, el Pacífico y la vegetación alta andina. Cifras condensadas en un estudio del Instituto de Hidrometeorología y Estudios Ambientales (Ideam) indican que de 56.280.000 hectáreas de bosque existentes en 1994, se bajó a 55.612.000 en 2001, debido a la ampliación de la frontera agrícola, con la consecuente tala de bosques para zonas de cultivo, mayor causante de la degradación forestal.

Las Farc asedian las etnias indígenas y "reclutan" a sus jóvenes, pese a que la mayor parte de estas se encuentran en vía de extinción. Por la idiosincracia y la dificultad de los índigenas para adaptarse al obsesivo régimen interno de las guerrillas, los incorporados cometen actos de *indisciplina revolucionaria*, la mayoría de las veces castigados con pena de muerte.

LAS FARC ASEDIAN A LAS COMUNIDADES INDÍGENAS

EN COLOMBIA HAY DOS MILLONES DE INDÍGENAS, distribuidos en 85 pueblos asignados a los escasos remanentes de etnias, que transitan por terrenos equivalentes al 25 % del territorio nacional. En conjunto, los indígenas hablan 65 lenguas autóctonas y habitan en tierras comunales denominadas *resguardos* donde se hallan los mejores recursos naturales, pero que, por infortunio, son zonas oprimidas por la guerra interna y de manera indirecta, afectadas por los intereses del terrorismo internacional.

---

mos y fuentes hídricas; Hay una crisis social y amenaza alimentaria nacional, por disminución de la productividad agropecuaria: cerca de 400.000 campesinos están desempleados y el 80 por ciento de ellos percibe ingresos inferiores a un dólar diario.

El siguiente muestrario marca la pauta de la realidad: la sangrienta industrialización del caucho en el Amazonas produjo la disminución masiva de la etnia *huitoto*. Los supervivientes huyeron hacia las selvas. En 1970 la etnia *waibo* padeció una literal *cacería de indios* como consecuencia de la construcción de dos pozos petrolíferos, que producen el 5 % del Producto Interior Bruto colombiano[107].

Hoy subsisten pocos *waibos* en precarias condiciones sanitarias, alcoholizados, tuberculosos, o con enfermedades venéreas. Después de cinco siglos de enfrentamientos internos y de guerras fratricidas, los *chimilas* quedaron reducidos a 1.224 personas, asediadas por las Farc para que se integren al proyecto revolucionario armado.

Cerca de 5.000 indígenas de la etnia *U'wa* ocupan 10.000 hectáreas de *resguardo* en la frontera con Venezuela, pero en su territorio yace uno de los yacimientos petrolíferos más importantes sin explotar. La comunidad *U'wa* se opone a la extracción del hidrocarburo, pues, de acuerdo con las leyes internas de su tradición, el petróleo es la *sangre negra de la tierra*, con la circunstancia agravante de que las Farc y el Eln los presionan para que protesten.

Al cabo de un año y medio de intensas indagaciones, con el auspicio de la Unión Europea, el 13 de marzo de 2004 la Asociación Latinoamericana de Derechos Humanos elaboró el primer estudio sobre la situación de los indígenas de la región amazónica colombiana para demostrar que veintidós de los cincuenta y cuatro pueblos indígenas se encuentran en una situación de riesgo, alta o muy alta por incidencia del conflicto armado.

---

[107] La oportunidad económica generada por los cultivos ilícitos explica el aumento poblacional en regiones como la Amazonia y fuertes presiones sobre sus ecosistemas. La fumigación con glifosato, lejos de erradicarlos, ha generado una metástasis de cultivos en numerosas regiones del país y la destrucción de los últimos reductos de ecosistemas boscosos— dicen Rodríguez, Fajardo, Ricardo Vargas, César Ortiz y demás autores del estudio *Guerra, sociedad y medio ambiente*.

Algunas de las etnias totalizan menos de 1.000 personas, e incluso algunas menos de 100, pero lo más alarmante es que podrían correr la misma suerte que las 90 tribus desaparecidas durante el siglo pasado, producto de enfermedades, colonizaciones violentas y la depredación geo-humana practicada por los caucheros de la odiada Casa Arana.

El trabajo de campo para cuantificar la investigación fue realizado por voluntarios de las comunidades que, capacitados por la Asociación Latinoamericana de Derechos Humanos, recorrieron la región para recopilar información sobre un núcleo poblacional de 98.580 habitantes que habla arawak, tukano, makú-puinabe, español y otra decena de lenguas.

En el proceso participaron viejos *capitanes* y *taitas*, mujeres y niños, cuyos testimonios permitieron sistematizar y sintetizar en un solo informe los horrores traídos por el triángulo letal durante los últimos cinco años en el ámbito local, materializado en la injerencia de los grupos armados y la coca, sobre 403.000 kilómetros cuadrados del territorio que ocupa la Amazonía colombiana.

Los indígenas denunciaron acciones armadas en lugares de culto, ocupación del territorio tradicional, control del ingreso de alimentos y combustibles por parte de los grupos irregulares, reclutamiento forzoso de niños para la guerrilla y regímenes de terror impuestos en algunos lugares.

Situación que se vio agravada por las proporciones que arrojan las estadísticas. Los taiwamo son apenas 22 personas; los makaguaje, pisamira, piaroa, muinane y jupda, a duras penas alcanzan los 100, mientras que los tukano, ticuna, curripaco, witoto considerados los más numerosos apenas sobrepasan los 7.000 habitantes.

Algunas etnias como los embera o los páez tienen muchos familiares por fuera de la Amazonia, mientras que gran parte de otras, como los cocama, ticuna y piaroa están en Venezuela, Brasil y Perú. Los 490 nukak tienen 40 desplazados por la violencia, con la circunstancia agravante de que son un pueblo nómada que, al desplazarse, se ve obligado a asentarse para no desaparecer.

Los 1.271 cofán son testigos de 26 asesinatos de su etnia. Algo así como si en una ciudad como Madrid, España, el 2 % de la población, unos 100.000 habitantes, hubiera sido asesinado en cinco años. Las cifras indican que la guerra asedia a la Amazonia. Los departamentos de Putumayo, Caquetá, Guaviare,Vaupés y Amazonas soportan los rigores del fenómeno derivado de la transición de los cultivos de coca en la región que, entre 1990 y 2002, pasaron de 32.000 a 52.000 hectáreas, a la par con el crecimiento sin precedentes de las Farc.

Martín Von Hildebrand, director de la Fundación Gaia, que trabaja hace años con indígenas en la región, dice que la situación más grave sucede en el pie de monte amazónico, en Putumayo, Caquetá y Guaviare, donde los problemas surgen por falta de presencia del Estado, que no ha reconocido que las entidades indígenas son públicas, y que apoyarlas es construir el Estado. A su juicio, las autoridades colombianas, no conocen la realidad cultural y ecológica de la zona.

Estadísticas elaboradas por el Sistema Integrado de Monitoreo de Cultivos Ilícitos y la Oficina de Naciones Unidas de Drogas y Crimen, denuncian que los parques nacionales La Paya en el Putumayo, La Macarena en el Meta, y Nukak en el Guaviare, ubicados en zonas indígenas, albergan mas de 2.500 hectáreas de cultivos de coca. Otros analistas afirman que, sólo en La Macarena, habría 4.000 hectáreas. Es difícil cuantificar cifras exactas por la configuración geográfica de la zona y la activa presencia de las Farc en esas selvas.

La irrupción por el río Caquetá de varios botes repletos de miembros de las Farc, vestidos de camuflaje, alteró la tranquilidad que por muchos años reinó en los 15 caseríos indígenas, ubicados entre Araracuara y La Pedrera, en ambas márgenes del legendario río, lugar al que llegaron atraídos por la información de que unos mineros habían hallado una veta de oro.

La tranquilidad tradicional de la zona se tornó en romería desmedida y lógica llegada de aventureros brasileños, peruanos, ecuatorianos y colombianos, con más botes y dragas artesanales para escarbar por todas partes en búsqueda del tesoro, situación coyuntural que demuestra con creces que el triangulo letal asentado en el Primer Mundo destruye la frágil ecología del Tercer Mundo.

La guerrilla, que con celeridad multiplicó sus efectivos, empezó a reunir a los habitantes de los caseríos para explicar el *programa agrario de las Farc* y las razones de su presencia en la zona, con la misión de organizar el *frente amazónico*. Poco a poco empezaron a imponer normas de convivencia entre los colonos, prohibieron la pesca de charapa —tortuga en vía de extinción—al igual que la tala de cedro, achapo y otros árboles. También controlaron las peleas domésticas, las riñas callejeras y los robos de ganado o gallinas.

Al principio, los guerrilleros utilizaron técnicas amistosas de acercamiento con los pobladores. Para tal efecto pagaban por la comida y dejaban que los castigos a los infractores de la comunidad fueran impuestos por los ancianos mirañas, boras, yucunas, caviyaríes y los patriarcas de las otras ocho etnias que habitan en la región.

Pero a medida que llegaron más embarcaciones procedentes de la antigua zona de distensión, los guerrilleros comenzaron a imponer sanciones, tales como amarrar a los infractores a los árboles u obligarlos a trabajar en un transporte clandestino entre Araracuara y Puerto Arturo, una de tantas vías que *Tirofijo* ordenó construir dentro de la intrincada red de trochas y caños selváticos.

El siguiente paso fue presionar a algunos indígenas para que aumentaran los cultivos de coca, que no pasaban de unas cuantas matas utilizadas para el *mambeo* tradicional. Luego reclutaron a indígenas para aumentar el número de combatientes. Seis indígenas se enrolaron en el frente amazónico, del cual ya formaban parte otros cuarenta aborígenes incorporados en el río Mirití, y de allí los enviaron a campos de entrenamiento. Antes de ir a los campamentos de instrucción, los indígenas enseñaron a los guerrilleros antiguos, las trochas secretas que sus antepasados han utilizado durante generaciones para atravesar la selva.

Luego vino la extorsión de las Farc a los mineros. Por cada balsa les cobraban un millón de pesos. Por las dragas cobraban más... y después les cobraban por todo, por la gasolina, por los víveres. Surgieron roces porque las autoridades tradicionales indígenas se opusieron a la explotación del oro, a la intervención de los jefes guerrilleros en los asuntos de las comunidades o al reclutamiento de jóvenes a la fuerza.

Los dirigentes indígenas realizaron reuniones y luego viajaron a la zona de distensión en el Caguán, para exponer sus puntos de vista ante los cabecillas del secretariado de las Farc, quienes se comprometieron a no reclutar indígenas sin autorización de sus padres, a respetar las tradiciones y a las mujeres, y a no fomentar el cultivo comercial de la coca ni la explotación ilícita del oro. Pero nunca cumplieron.

Con la circulación de dinero ilícito, los víveres subieron de precio, los jóvenes indígenas se preocuparon más por el licor, los relojes digitales, las deportivas traídas de contrabando desde China, las agendas electrónicas, las gorras con letreros en inglés y olvidaron los cultivos legales, la caza y la pesca.

Quienes se opusieron a los cultivos de coca y a la presencia de los mineros en tierras sagradas de la etnia tuvieron problemas. La guerrilla los acusó de ser informantes del Ejército. Para rematar, algunos jóvenes indígenas, enrolados en las milicias bolivarianas, aparecieron con armas al cinto y se rebelaron contra la autoridad de los ancianos y los capitanes de los cabildos. Transmutación cultural violenta y total.

El dinero y las armas erosionaron la organización de las comunidades, que llevaba una década, después de soportar durante más de 60 años —desde los años 30 hasta principios de los 90— las consecuencias de las bonanzas del caucho, de las pieles y de la coca. El 28 de diciembre del 2002, murió de un disparo Santiago Felipe Méndez, un líder miraña-carijona. En septiembre del 2003 cayó Gaspar Rodríguez, un muinane de Araracuara, cuyo cadáver, con un tiro en la frente, apareció a flote en las aguas del río Caquetá.

Después de un minucioso seguimiento de inteligencia, que condujo a su captura el 7 de mayo de 2004, cuando pretendía asilarse en territorio peruano, el indígena Gonzalo Guerra Siquihva, de 24 años de edad, conocido profesor de lenguas autóctonas en el Amazonas, relató ante funcionarios de la Fiscalía General de la Nación que, debido a que conocía al dedillo buena parte de la selva amazónica colombiana, fue obligado por las Farc a traficar armas con destino al grupo terrorista.

En las grabaciones, los agentes de Inteligencia, constataron que Guerra mantenía conversaciones telefónicas con Isaías Perdomo y Orlando, jefes del frente Amazónico de las Farc, con quienes definía la compra de fusiles y municiones, e incluían detalles como la forma de pago, la manera y el lugar en que se entregarían los pedidos.

Pero, además de grabaciones producidas por interceptación de llamadas telefónicas, el testimonio de un guerrillero reinsertado involucró a Guerra en actividades clandestinas con las Farc:

—Una vez fuimos a recibir mil pistolas Prieto Beretta calibre 9 milímetros y 7.65 en una pista en Solarte Amazonas, las cuales fueron traídas en una avioneta brasileña pequeñita de cuatro pasajeros. Ahí llegaron las pistolas traídas por el *Gusano* y recibidas por *Tiberio*, quien andaba escoltado por diez unidades, entre ellos estaba yo. El *Gusano* venía en el avión en compañía de Raúl Oyola, que era el piloto y un escolta.

Ante las pruebas, Guerra aceptó los cargos por tráfico de armas ante la Fiscalía en Bogotá, pero negó pertenecer al grupo subversivo, y advirtió que había delinquido bajo presiones, cuando estaba:

—Trabajando como docente en la escuela de Marandúa, vereda ubicada frente al Estrecho con Perú, cuando las Farc me hicieron una propuesta prácticamente bajo presión. Al no poder hacer nada y no poder denunciar, los asistí a una cita con Tiberio. Él me había hablado del negocio de las municiones de 9 milímetros y que el señor *come-moscos* las vendía. Me dijeron que tenía que colaborar con ellos y que no tenía derecho a decir nada porque ellos mandaban en la zona. Fue entonces cuando me empezaron a dar números de frecuencias y a encargarme municiones de AK 47—.
—Traje 1.345 cartuchos de Iquitos. Esto lo obtuve de los civiles peruanos Yango, Tarzán, y Choro, y ellos los obtienen de miembros activos del Ejército del Perú.

Los investigadores también identificaron los nombres y números de cuentas bancarias en donde se depositaba el dinero de la transacción.

—El dinero era girado a nombre de Rubiel Córdoba Charpentier, que es la persona que facilitó el número de la cuenta, que en realidad era de Irene Ardila Pantoja, al parecer su compañera sentimental—, corroboró uno de los investigadores de la Fiscalía a un periodista del *Diario El Tiempo* de Bogotá.

Con este hecho quedó demostrado que existen presiones por parte de los guerrilleros contra los indígenas, a quienes obligan a cultivar coca, a traficar con armas y municiones y a transportar dinero y drogas. La situación generó intencionalidad de los abogados defensores para manipular el caso y colocarlo ante la justicia indígena, con lo cual otros guerrilleros o cómplices de las guerrillas argumentarían lo mismo.

PROYECCIÓN ESTRATÉGICA DE LAS FARC

LA SÉPTIMA Y OCTAVA CONFERENCIAS GUERRILLERAS y el pleno ampliado de 1989 identifican tres eventos concretos que definen la proyección estratégica de las Farc como movimiento armado, auspiciado desde el lado política por el partido comunista colombiano y el movimiento bolivariano clandestino, en ambos casos financiados por el secuestro, las exigencias monetarias a los narcotraficantes y el blanqueo de ingentes sumas de dinero en la banca y el comercio legal, gracias a la habilidad de Simón Trinidad.

El crecimiento cualitativo y cuantitativo de los frentes guerrilleros agrupados en varios bloques, distribuidos de manera estratégica a lo largo y ancho del territorio nacional, corresponde a un esquema programado y diseñado para la ocupación geopolítica de todas y cada una de las regiones colombianas, el control subrepticio de las fronteras terrestres y la disputa de territorialidad con las autodefensas ilegales.

Basándose en la experiencia de la formación de las *compañías Simón Bolívar y Mariscal Sucre* de seguridad del secretariado en *casa verde*, integradas por guerrilleros entrenados y cualificados por instructores vietnamitas, salvadoreños, cubanos y nicaragüenses, los miembros del secretariado evaluaron la posibilidad de conformar compañías móviles, con capacidad de realizar *operaciones terrestres de fuerzas especiales* mediante el sabotaje con explosivos, la penetración de objetivos rentables de inteligencia, el copamiento de unidades militares aisladas, el *pistoleo,* los secuestros y la preparación avanzada de cuadros político-militares, con visión estratégica y capacidad de construir en *escuelas de mandos* en las áreas generales de los bloques.

En ese orden de ideas surgieron varias compañías móviles, entrenadas y disciplinadas para actuar en apoyo de los frentes guerrilleros de los bloques oriental y sur, en actividades armadas dirigidas por el *mono Jojoy* y Joaquín Gómez. Dichas compañías realizaron las acciones especializadas de comandos tanto en inteligencia de combate, como en sabotaje en los resonados casos de las Delicias, Puerres, Patascoy, La Carpa, El Billar, Coreguaje, Gutiérrez Cundinamarca, etc. Y en la mayor parte de estos hechos participó la disciplinada y estructurada compañía Teófilo Forero.

La compañía móvil Teófilo Forero, con más integrantes que cualquier frente guerrillero del bloque sur, fue ubicada de manera calculada y estratégica en la zona de distensión, pues es el as de las Farc, para acometer acciones osadas, debido a que la integran más de 250 de los 2.500 cuadros especializados en combate irregular, explosivos, inteligencia urbana y rural, y operación de automotores; están dirigidos por terroristas entrenados en el exterior y adoctrinados para realizar acciones espectaculares.

Estos combatientes fueron adiestrados en la antigua zona de distensión y en algunos casos fuera del país, por terroristas irlandeses y *etarras*, en técnicas específicas para la activación de sofisticados explosivos contra objetivos civiles, con la consecuente inmersión en el terrorismo puro, contra quienes las Farc consideran el *enemigo de clase*, aunque la prensa y los afectados no lo vean de esa manera o no quieran verlo.

De la cuadrilla Teofilo Forero, bautizada al principio *Comando Arnobis Vásquez,* se desprendieron *la Reynel Méndez, la Policarpa Salavarrieta, la Joaquín Ballén, la che Guevara, y la Arturo Ruiz,* aniquilada en Santander pues cometieron el error táctico y político de mezclar guerrilleros experimentados con niños sin pericia militar, y otra también bautizada Arturo Ruiz, que aniquiló la base militar de Cerro Tokio en abril de 2001, y luego secuestró a doce diputados en Cali en una cinematográfica incursión a plena luz del día.

La cercanía a Neiva, centro de despliegue fundamental para generar el flujo logístico hacia los cuatro puntos cardinales, además de ser la primera entre las ciudades en la mira estratégica de la insurrección a largo plazo; la facilidad de transporte desde la capital del Huila hacia Bogotá unida al control asentado con milicias bolivarianas y miembros del partido comunista sobre el corredor Algeciras-Colombia-Villarrica, La Colonia, Altamizal, Cabrera-Venecia-San Juán de Sumapaz, Sibaté, Usme-Bogota; y la facilidad de moverse hacia el Guaviare, el Meta, el Tolima, el Cauca, el Putumayo o el Amazonas, son razones más que suficientes y lógicas para concluir que en el área de influencia de la compañía móvil Teófilo Forero, reside el centro de gravedad de la dirección estratégica de las Farc; lugar donde se articula el *poder relativo de combate,* los dos bloques más agresivos e importantes de las Farc: el sur y el oriental con la dirección política del *movimiento bolivariano clandestino*.

El denominado *comando central conjunto*, dirigido por Alfonso Cano, se asienta en los límites del sur del Tolima, el norte del Valle, el noroccidente del Huila, el occidente del Meta, con posibilidades de replegarse hacia el páramo del Sumapaz o hacia la cordillera occidental para enlazar las salidas al Pacífico. Ello explica la presencia de los hijos de *Jacobo Arenas, Andrés París y Pablo Catatumbo* en dicha zona. No es ficción. Es tan sencillo como la menor distancia que existe entre las dos cordilleras y los corredores estratégicos que conducen desde Neiva hacia la capital de la república.

Por otra parte en esta zona confluyen los intereses de los *narcos* asentados en el Caquetá, los llanos orientales y el Guaviare, es decir que configura el puerto de entrada a la retaguardia estratégica del

Evidencia gráfica de los nexos entre el Partido Comunista Colombiano y el cártel de las Farc, durante el ruidoso acto de lanzamiento del movimiento bolivariano clandestino, consentido por la laxitud del presidente Andrés Pastrana

secretariado, con amplios corredores abiertos para huir hacia Venezuela o Brasil, cuando la situación se ponga difícil, o desde luego para el flujo de productos y drogas desde y hacia afuera de los países limítrofes.

En todo este *esquema de maniobra* preconcebido y articulado de manera paciente por Manuel Marulanda, habilidoso estratega de guerra de guerrillas, claro conocedor de los efectos de la *guerra revolucionaria* y las debilidades de la clase dirigente colombiana así como de lo que denomina la *burguesía enemiga de clase*, hay una muestra prolongada de constancia, visión futurista y claridad conceptual, acerca de que es lo qué quieren y cómo lo quieren las Farc, frente a la indiferencia, apatía o desconocimiento de las víctimas actuales y potenciales.

La ubicación general de la cuadrilla Teófilo Forero y su movilidad son la clave del secreto que resume la imposibilidad de golpear el secretariado y producir un cambio en la balanza estratégica en la correlación de fuerzas y la toma de la iniciativa táctica.

Los luctuosos hechos de Neiva y Santamaría, cuando las Farc intentaron repetir el espectacular secuestro del Edificio Miraflores, en otro sector exclusivo de la *capital del bambuco*, son apenas un despertar y una muestra concisa de qué estaban haciendo las Farc durante el prolongado periodo de más de 24 meses en los que no presentaron combates decisivos ni atacaron poblaciones, ni hicieron acciones espectaculares diferentes a los atentados terroristas en *El Nogal* y la discoteca al norte de Bogotá, con una granada de mano contra jóvenes que allí se divertían.

El certero golpe de Neiva, no es solo la respuesta a la captura de Trinidad, ni al fiasco de la diplomacia en Europa, ni a la calculada manipulación que los comisarios políticos de la guerrilla están haciendo del intercambio humanitario con el coro estentóreo de europeos despistados, alimentados con información sesgada proveniente de ONG's financiadas por las Farc. Es la apertura de las cartas de juego, en el nuevo esquema de maniobras estratégicas y tácticas, para desacreditar al presidente Uribe, impedir su reelección y forzar el camino de las dilatadas conversaciones, mientras vuelve y juega el engaño a los *idiotas útiles*.

La punta de lanza de la nueva estrategia está constituida por la compañía móvil *Teófilo Forero*, muy cercana a los comandos terroristas asentados en Bogotá, ligados con un fuerte cordón umbilical estructurado por las milicias bolivarianas y las células del *partido comunista clandestino* que dirige Alfonso Cano.

Entretanto, el llamado bloque José María Córdoba con asiento en los departamentos que componen el Viejo Caldas, Chocó y Antioquia, desarrolla una campaña abierta de desestabilización de las zonas cafetera, minera, hidroeléctrica y estratégica del noroccidente. El punto de convergencia es el sur del Tolima, donde son recibidos por las fuerzas de Cano e integrados por la Teófilo Forero al quehacer del secretariado.

Al poseer este núcleo de despliegue estratégico sobre la cordillera, las guerrillas instaladas en la Amazonia y la Orinoquia, están en entrenamiento militar constante para preparar nuevas y más sólidas arremetidas que neutralicen la capacidad operacional adquirida por el Ejército durante los últimos 24 meses; capacitación política, cuidado de secuestrados, control de cultivos y laboratorios de coca, extorsión a ganaderos, hacendados y mineros, sin que la fuerza pública pueda atender tantos frentes a la vez, mientras arrecian la labor de reclutamiento en Cundinamarca y aumentan el secuestro en Bogotá y las principales ciudades. Sencilla táctica guerrillera promulgada mil veces por el che Guevara.

En ese orden de ideas, es fundamental concluir que la compañía móvil *Teofilo Forero* reúne a los más cualificados guerrilleros de las Farc a la par con la unidad élite que custodia a *Tirofijo*, y que, por sus connotaciones, reemplazó *la escuela nacional de cuadros,* dirigida por los hijos de Jacobo Arenas y Andrés París en *Hueco Frío* cerca de *casa verde*, ahora ubicada a considerable poca distancia de los feudos de Cano, para que este pueda supervisar la capacitación política de los difusores de la línea política, táctica y estratégica.

EL MOVIMIENTO BOLIVARIANO CLANDESTINO Y EL SILENCIO DE LAS FARC

AL CUMPLIRSE DOS AÑOS DEL MANDATO DEL PRESIDENTE Álvaro Uribe Vélez, la opinión publica colombiana vive una especie de *luna de miel* con el carismático dirigente antioqueño, que se traduce en sensación de seguridad, reconocimientos nacionales e internacionales, más la calificación de ser un hombre muy superior a sus asesores.

Evaluaciones objetivas y subjetivas por doquier, pero muy pocos analistas se han detenido a buscar verdadera razón del silencio de las Farc y la aparente limitación bélica que les afecta.

Las cifras presentadas por diversos analistas del conflicto colombiano, que demuestran disminución de la actividad armada de las Farc y las respuestas de otras instancias, no dejan de ser propias de las bondades y debilidades de la democracia.

Es necesario estudiar de cerca y entrevistar a cientos de excombatientes de las Farc, leer sus documentos programáticos, analizar sus planes a corto, medio o largo plazo, entender la dinámica de su concepción de la guerra y haber combatido con éxito contra ellos en el campo de batalla y en estrados jurídicos para comprender que ni las Farc están acabadas, ni el Gobierno puede cantar victoria anticipada.

Después de 20 años de desgobierno, Álvaro Uribe Vélez recuperó la credibilidad en las instituciones colombianas.

Desde la época de Jacobo Arenas, las Farc entraron en serias divergencias con el partido comunista colombiano, diferencias que se ahondaron con la muerte del brutal ideólogo marxista-leninista, quien desde 1978 propuso la creación y de hecho concretó el *partido comunista clandestino*, hoy denominado *movimiento bolivariano clandestino,* dirigido por el estructurado jefe político Alfonso Cano.

Estimuladas por la experiencia transmitida por el Sin Feinn del Ira y Batasuna de los *etarras,* las Farc construyeron la infraestructura política clandestina similar, financiada con el narcotráfico, que a la vez libere al partido comunista legal de cualquier sospecha de nexos con la guerrilla. Es una estratagema sencilla, pero peligrosa para la democracia pues la socava desde la base, sin comprometer a ningún dirigente izquierdista en público.

La idea básica del partido comunista clandestino es articular miles de células conspiradoras, que aparentan pertenecer a los partidos tradicionales o movimientos cívicos, pero que en el fondo actúan en la construcción de estructuras armadas y políticas subrepticias, que con el paso de los años se convierten en los rombos y escuadras de milicianos, especializados en logística, inteligencia y terrorismo urbano.

Ni los organismos de seguridad, ni la prensa, ni los analistas del tema, ni el congreso, ni la Fiscalía, han dado la importancia a la dimensión de esta realidad que, como se dice de forma coloquial, ya *corre pierna arriba*.

La construcción del partido bolivariano clandestino y la ubicación de cientos de *milicianos armados* sobre los corredores de movilidad que conducen a las principales ciudades del país, así como la instalación de células subversivas en los barrios de estratos 1 y 2, son la tarea prioritaria de las Farc para extender los tentáculos del movimiento armado, para reclutar más adeptos y fortalecer de manera silenciosa el amplio aparato subversivo, que puede aparecer en público en uno o varios años, pues la teoría leninista les enseña que para la arremetida final no hay afán, mientras se estén generando las condiciones.

Es hora de reevaluar objetivos tácticos y estratégicos, pues pese a los éxitos tácticos alcanzados, aparte de las capturas de Trinidad y Sonia, las Fuerzas Militares no han propiciado golpes contundentes que produzcan una inclinación efectiva en la balanza estratégica, sino que continúa la tendencia de propinar golpes tácticos, esta vez con el respaldo público y la aceptación de todas las responsabilidades del presidente Uribe, merced a su visible liderazgo.

CONCLUSIONES

CON OBJETIVOS ESTRATÉGICOS DIFERENTES E INTERESES SIMILARES, el terrorismo multiforme e indiscriminado constituye la esencia de las guerras del comienzo del siglo XXI. En ese entorno, el narcotráfico fuente de financiación básica de las agrupaciones terroristas, auspicia el tráfico ilegal de armas y articula un triángulo siniestro contra la estabilidad y continuidad de occidente.

Los traficantes de armas producidas en los países de la antigua *cortina de hierro* proporcionan los medios bélicos a todos los grupos ilegales del mundo, que en la actualidad desestabilizan el escenario geopolítico contemporáneo.

Las Farc son el movimiento terrorista que inició la combinación del narcotráfico con el crecimiento armado. Eta, Ira y Al Qaeda siguieron el ejemplo. Hoy el narcotráfico es la espina dorsal del terrorismo. Es un fenómeno bélico, en el que sus practicantes estrechan cada vez más los lazos que conducen al caos, pues los terroristas diseñan planes operativos estratégicos y tácticos, pero no prevén objetivos ni metodologías concretas en caso de que conquistaran el poder político. El inmediatismo prima sobre lo estructural.

La solución del problema es integral e internacional. No es una situación individual, ni particular que afecte a determinado país, por lo tanto la respuesta antiterrorista debe ser mancomunada, concertada y concreta.

Las cifras en torno a los componentes del *triángulo letal* son inexactas. Cada investigador y cada institución presenta estadísticas diferentes, pero en términos generales coinciden las aproximaciones.

Los ataques terroristas contra objetivos estratégicos son métodos de guerra revolucionaria encaminados a desestabilizar el sistema económico y la estructura política del estado agredido.

El narcotráfico y el terrorismo por partida doble afectan a la ecología y las etnias indígenas del planeta.

Para ganar la guerra contra el terrorismo se requiere la persecución de las fortunas ilegales, de los organización de fachada de las estructuras armadas clandestinas y la imposición de mayores controles para evitar el blanqueo de dinero.

La comunidad internacional debe definir los alcances del terrorismo y meter en cintura a estados como Cuba, Corea del Norte e Irán, cuya actitud proclive a facilitar el tránsito de los terroristas alimenta la existencia de los grupos armados con capacidad desestabilizadora.

Paralela con la acción militar para extirpar las redes terroristas, es necesario implementar una serie de medidas de orden psicológico para desarmar espíritus e incentivar a la juventud hacia otros escenarios de vida diferentes a la guerra o la violencia, e incluir cuantiosos presupuestos con destino a fines de bienestar social de las comunidades proclives o permeables al ideario terrorista.

Las organizaciones terroristas interanacionales libran diferentes guerras particulares contra enemigos comunes. Los escenarios geopolíticos de los Balcanes, la antigua Union Soviética, Oriente Medio e Hispanoamérica, que en diferentes etapas de la historia de la humanidad han acelerado los cambios cíclicos, son en la actualidad focos de atención del terrorismo mediante la densa combinación de todas las formas delictivas para sostener extensas redes armadas y propagandísticas diseminadas por el mundo.

BIBLIOGRAFÍA

ALAPE, ARTURO: *Sueños y Montañas*, Editorial Planeta, Bogotá, 1994.

ARANGUREN MOLINA, MAURICIO: *Mi confesión*, Editorial Oveja Negra, 2002.

ARENAS, JACOBO: *Cese al Fuego*, Editorial Abeja Negra, Bogotá D.C., 1986.

DUQUE GÓMEZ, DIANA: *Guerra Irregular entre dos ideologías*, Bogotá.

EHRENFELD, RACHEL: *Funding Evil*. Bonus Books, Chicago, Il. Usa, 2003.

NAPOLEÓN, LORETTA: *Yihad*, Planeta, 1994.

VILLAMARÍN PULIDO, LUIS: *La selva Roja*, Ediciones LAVP, Bogotá, 1997.

PERIÓDICOS

COLOMBIA

El Tiempo
El Espectador
El Nuevo Siglo
El País de Cali
El Colombiano
El Heraldo de Barranquilla

En Guardia
Semanario Voz

España

La Razón
La Vanguardia
El País
El Mundo

Estados Unidos

Diario de las Américas.
Miami Herald
The Nueva York Times
Washington Post

Perú

El Comercio de Lima

Argentina

El Clarín
La Nación

Documentos

Séptima conferencia de las Farc.
Hojas de vida de la cuadrilla Juan José Rendón.
Archivos de la Dirección de Inteligencia del Ejército colombiano

Archivos de la Quinta División del Ejército colombiano
Archivos del B-2 BR-13 del Ejército colombiano
Declaraciones de la ONU.

ENTREVISTAS

Edison Torres, Felix Becerra, Jorge Tinjacá, exguerrilleros de las Farc.

INTERNET

Motores de Búsqueda: Altavista, Google, Yahoo.
Temas: narcoguerrilla, Farc-Eta, Farc-Ira, Farc-Al Qaeda, narcotráfico en España, Farc-Cuba.

PÁGINAS WEB

www.ejercito.mil.co
www.anncol.com
www.seguridadnacionalhoy.com
www.acore.org.co

ÍNDICE ONOMÁSTICO